猴面包树

李欣频 著

原生家庭木马快筛

中央编译出版社
Central Compilation & Translation Press

李欣频

毕业于台湾政治大学广告系,台湾政治大学广告研究所硕士,北京大学新闻与传播学院博士,曾任教于北京大学新闻与传播学院,担任"广告策划与创意课程"讲师,并于北京中医药大学修习半年。

有着作家、诗人的孤僻性格＋修行者洞察深处的眼睛＋旅行者停不下来的身体＋广告人的纤细敏感与美学癖＋知识布道家想要世界更好的狂热＋教育者舍我其谁的使命感。

作品

- **广告文案** ➡ **李欣频的广告四库全书:**
  - 《广告副作用(艺文篇、商业篇)》
  - 《广告拜物教》
  - 《虚拟国境》
  - 《李欣频的文案课》

- **创意教育** ➡ **李欣频的创意天龙八部:**
  - 《十四堂人生创意课1:如何画一张自己的生命蓝图》
  - 《十四堂人生创意课2:创意→创造→创世》
  - 《十四堂人生创意课3:50个问答+笔记本圆梦学》
  - 《创意能源库:50项私房创意包・50样变身变脑法》
  - 《旅行创意学:10个最具创意的"旅行力"》
  - 《人生变局创意学:世界变法,你的百日维新》
  - 《十堂量子创意课:10个改变命运的方法》
  - 《打造创意版自己:21天养成创意脑与创意人格》

- **旅行写作** ➡ **李欣频的环球旅行箱:**
  - 《创意启蒙之旅》
  - 《心灵蜕变之旅》
  - 《奢华圆梦之旅》

- **爱情时尚** ➡ **李欣频的时尚感官三部曲:**
  - 《情欲料理》
  - 《食物恋》
  - 《恋物百科全书》

  李欣频的都会爱情三部曲:
  - 《爱情教练场》
  - 《恋爱诏书》
  - 《爱欲修道院》

- **心灵成长** ➡ 《心诚事享》
  - 《爱情觉醒地图》
  - 《人类木马程序》
  - 《与黑天鹅共舞》

- **创意历法** ➡ 《正能历》《万有引历》《星能历》《无限历》
  - 《种子历》《多维蓝图历》等

目录

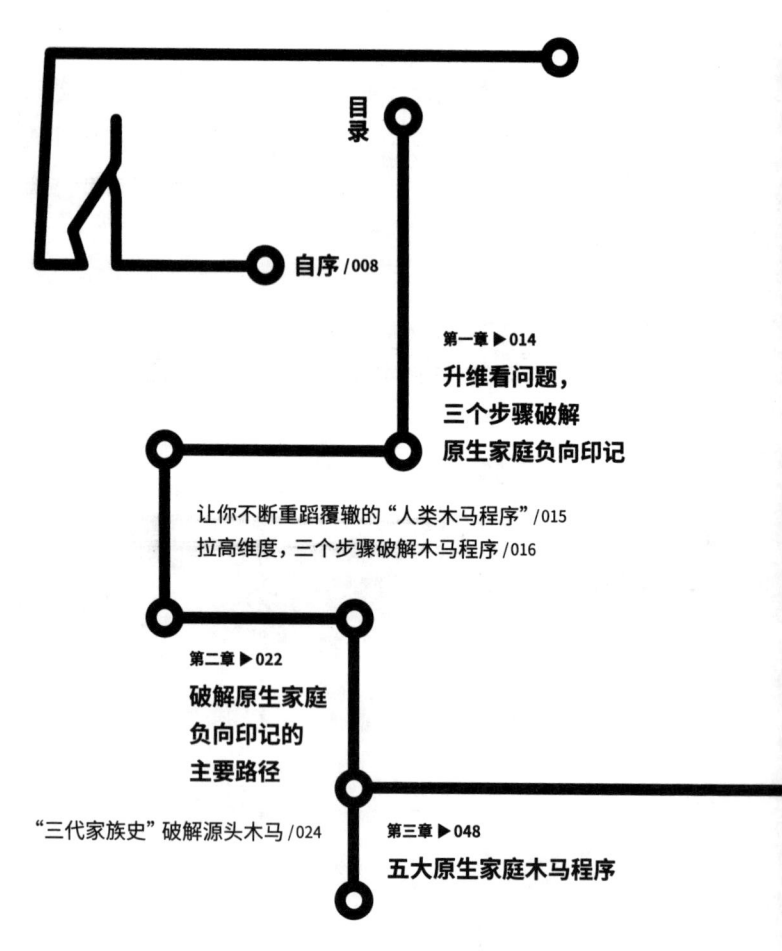

自序 /008

第一章 ▶ 014
升维看问题，三个步骤破解原生家庭负向印记

让你不断重蹈覆辙的"人类木马程序" /015
拉高维度，三个步骤破解木马程序 /016

第二章 ▶ 022
破解原生家庭负向印记的主要路径

"三代家族史"破解源头木马 /024

第三章 ▶ 048
五大原生家庭木马程序

面对自我：个人自信、自我存在意义与价值 /050
人际关系、家庭关系、情感关系 /067
个人天赋蓝图 /085
金钱与财务 /090
疾病、意外、生死课题 /121

第四章 ▼180

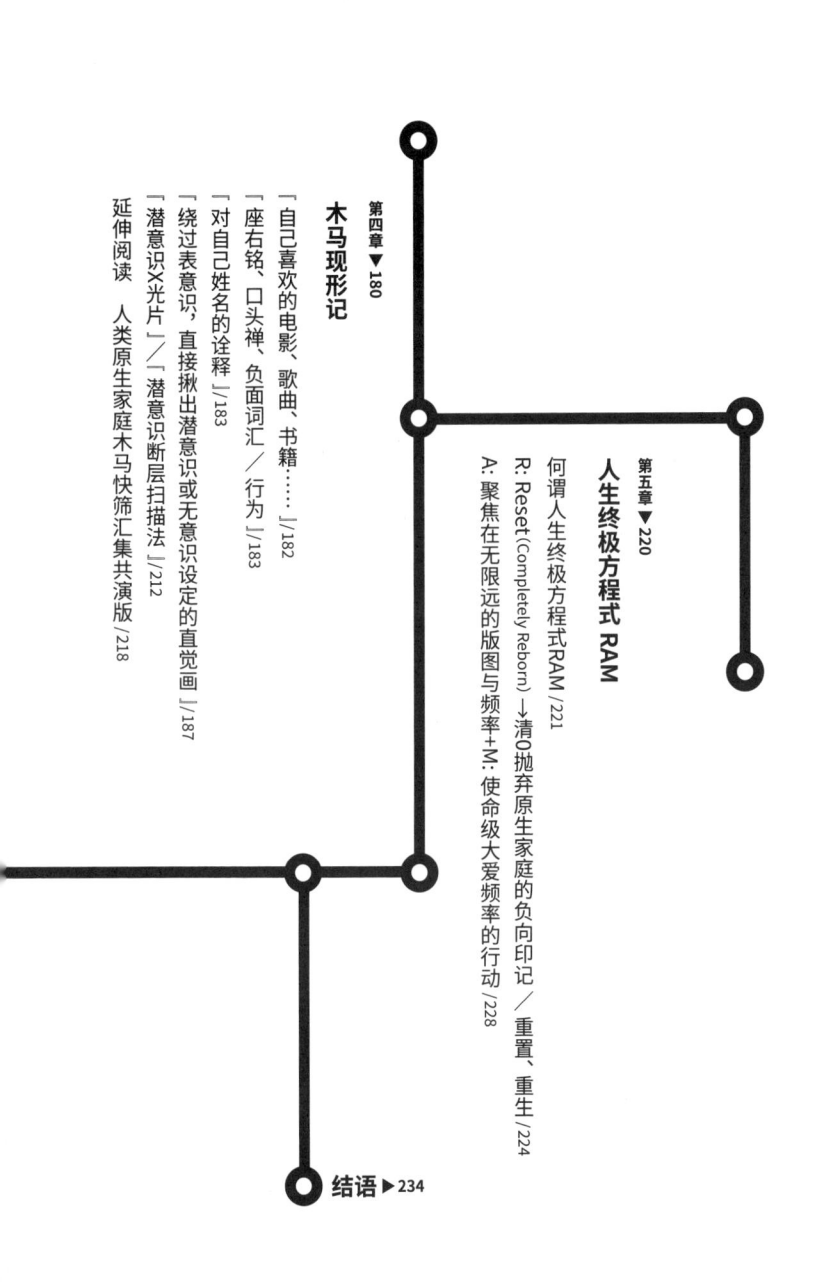

木马现形记

「自己喜欢的电影、歌曲、书籍……」/182

「座右铭、口头禅、负面词汇／行为」/183

「对自己姓名的诠释」/183

「绕过表意识，直接揪出潜意识或无意识设定的直觉画」/187

「潜意识X光片」／「潜意识断层扫描法」/212

延伸阅读　人类原生家庭木马快筛汇集共演版/218

第五章 ▼220

人生终极方程式RAM

何谓人生终极方程式RAM/221

R: Reset(Completely Reborn)→清0抛弃原生家庭的负向印记／重置、重生/224

A: 聚焦在无限远的版图与频率＋M: 使命级大爱频率的行动/228

结语 ▶234

自序

**快速打破原生家庭枷锁
创造大无限的自由人生**

美国著名小说家薇拉·凯瑟在《啊，拓荒者！》(O Pioneers！)一书中说："世上只有两三种人类故事，这些故事一次又一次不断重复，仿佛过去未曾发生过其他故事。"

2018年出版《人类木马程序》之后，在帮助处理近千件案例的过程中，我破解木马程序的经验越来越多，对于人类木马程序系统的认知越来越清晰完整，也能从他们成千上万字的问题清单上，一笔勾出木马关键词，或是从对方一开始说的一两句话中直接抓出问题核心。

点出关键核心木马之后，个案往往会有"豁然开朗，雨过天晴"的感觉。换个比喻，之前他们就像被困在完全黑暗的房间里，一会儿因找不到洗手间而慌张，一会儿又因找不到房门而焦虑……而我的任务只有一个，就是把房间的日光灯打开，于是他们什么都能看清楚了，不必由我陪着一起寻找问题的脱困路径，以及烦恼的解决方案。只要打开人生内在的探照灯，检查并修补好所有潜在的坑洞，无论他们当初带多少问题前来，那些问题最终都会在瞬间烟消雾散。

很特别的是，无论男或女、老或少，无论是债务、疾病、意外、人际关系问题还是家庭关系问题……无论受哪种类型的问题困扰，都有线索能直接对应到个案本身的原生家庭模块，我只需要在边咨询、边记录的笔记纸上，直接用红笔圈出他们与原生家庭父母相同或雷同的部分，并指出他们无意识中"被继承"的负向印记，通过三个步骤就能找到核心问题并列出一组核心木马程序，且同步归纳出快速破解法。

当他们明白了前因后果，就会恍然大悟，原来自己完美复制了原生家庭的剧本模块：有的是把"强势的爸爸"复制粘贴到男友、丈夫、老板、主管、老师或自己身上，有的是把"控制型的妈妈"复制粘贴到女友、妻子、岳母、婆婆、老板、主管、老师或自己身上……严重的甚至如"家族诅咒"般代代相传而不自知。

所幸他们一眼看到就懂了、醒了，这相当于让他们倒转看到最初"被"放置在源头的地雷，以及后续不断重复引发连锁崩毁的故事情节。瞬间瞥见的清明会让他们加快跳脱轮回剧本的速度，节省掉四处疗愈身心却又复发的大量时间与金钱，就像电影《楚门的世界》(The Truman Show) 里的主角楚门，辨认出拟真的布景墙后就义无反顾地走出去。又像是电影《黑客帝国》(The Matrix) 里的尼奥，悟出母体矩阵之后，就无法假装若无其事地回去"继续昏睡"，这种觉醒是不会倒退的。

在这些案例中，当事人从受困受苦的剧本里瞬间跳出来，翻页、转变的速度之快，仿佛水加热到沸点之后瞬间变成水蒸气那样的质变，也像是一场迅雷不及掩耳的人生量子跳跃，于是我产生了灵感，想整理出一本让大家都能快速打破原生家庭枷锁的书，也就是这本《原生家庭木马快筛》。

家人在过去对他们造成了伤害（有些是他们"觉得"自己受伤害，不一定是事实全貌），疗愈太慢，遗忘太难，原谅又谈何容易？一旦烙印在身心，只会让他们带着不信任、自我否定、负罪、愧疚、恐惧、愤怒、仇恨、索求、无力感……继续在自己当前，以及未来的身心健康、情感关系、人际生活、金钱财务等问题上重蹈覆辙。唯有通过三个步骤快速搜索出原生家庭代代相传的核心负向印记，"瞬间醒来"并勇敢大胆地抛弃这些负向印记，锁定新的命运版本，才能从负向的家族命运剧本中脱困，将这些创伤转变为重生的动能。

只有醒来的人才知道自己不在梦里。"瞬间醒来"意味着摆脱"复制原生家庭负向印记→将问题投射到周围的人身上→衍生出更多的问题→忙着解决问题"的恶性循环_{（永无止境的噩梦循环）}，节省大量的时间，省下来的时间可以全力发展自己的天赋，无惧且自由地探索并创造自己的丰富人生，而不是用宝贵的生命养分滋养负向木马杂草。

也就是说，一个人只要现在还身处又忙又累、不健康、不快乐的状态；还把大部分时间拿来努力赚钱、努力寻爱、努力完成一个又一个的目标；眼前与未来还像始终填不满的无底洞，永远有无法满足的匮乏感、无力感……那一定就是还没有抛弃继承自原生家庭的负向印记。清除这些印记之后，最明显的征兆就是"做自己想做的事的时间突然变多了、行动力变强了、情绪地雷变少了、头脑清楚清明、内心宁静不苦"。

我很喜欢西班牙超现实画派的画家达利，为了切断父母对自己的干预，消除原生家庭对自己的限制模块，他画了一幅类似精神剪脐带仪式的《地缘政治的小孩看着新人类诞生》，仿佛以画来表达"从现在开始，他就是'卵生达利'"。

我们也可以借用这样的概念，想象自己的身和心彻底重生，以全新、全部清空、无污染的原厂设定，活出真正属于自己的随心所欲，如此才能升维创造出无限的自由人生！

李欣频
全书完成于2022年2月2日

第一章

升维看问题，
三个步骤破解
原生家庭负向印记

让你不断重蹈覆辙的"人类木马程序"

大家应该都有过这样的经验：当身边的家人、伴侣、好友、闺密、同事……开始抱怨，就像是唱片跳针般不停地重复，但我们"旁观者清"，看(听)了几回合之后，就算还没看出核心症结在哪里，至少能大致预测他们接下来如出一辙的反应。那是因为我们并非"当局者迷"，对于一再重复的关键词语、关键反应、关键情绪、关键行为等，久了就能知道它们是鬼打墙的关键点。但如果你是他们身边朝夕相处的家人，近朱者赤、近墨者黑，共处久了的结果就可能会变成：你辨认不出哪里有问题，因为你自己也是如此——这就是所谓"人类木马程序"。

"人类木马程序"是我为上述现象取的专有名词，源自古希腊军队围攻特洛伊城多年未果，就假装撤退，留下一只木马，特洛伊城人视为战利品，于是大开城门将之迎入城中，就在他们狂欢庆祝胜利时，躲在木马里的士兵出来开启城门让外面的军队进入，于是希腊军队成功拿下了特洛伊城，这就是众所皆知的"木马屠城记"——整个故事的关键就是"特洛伊人自己把城门打开，亲自迎接木马进城"，正如自我们儿时起原生家庭不断灌输给我们的木马限制性信念，也让我们不自觉地"打开了潜意识、无意识的大门将之迎入,并对未来的人生产生影响"。此外,大家可以上网查"木马程序"的定义:一种黑客工具,远程控制计算机软件,在用户不知情且未同意的情况下入侵其计算机,被入侵的计算机在启动时,数据就会被窃取、修改、控制,甚至被破坏,让用户没办法正常使用。所以我们用"人类木马程序"比喻大脑被卡住,只能依照既定程序对当下的情况做出反应,而无法想到其他可能性。想要中止"祸不单行"的木马循环,唯一的办法就是快筛并迅速查杀木马。如果有人当下还是出现"茫然""力不从心""无力感""没热情""穷忙""疲于奔命""不知为何而忙、为谁而忙""时间不够用",老是"事与愿违"……那么可以确定,他已经中了"人类木马程序"。

拉高维度,三个步骤破解木马程序

爱因斯坦说:"我们不能在制造问题的同一个维度上解决问题。"就像我们无法在溺水的状态下把自己拉上岸。所以必须换个维度发现问题、破解问题。举一个我在《测量世界》(Measuring the World)这部电影里看到的数学家高斯小时候的故事:高斯念小学时,老师在教完加法之后,因为想要休息一下,于是给班上的小朋友出了一道要演算很久的数学题:"1+2+3+…+100=?"没想到高斯一下子就算出来了。以这个算式来看,如果我们一个数字、一个数字地慢慢加,不仅耗时,还很容易出错;但如果我们从这列数字后退几十步,就能完整观察到整列数字的结构,以看头、看尾的方式,一下子就能看出头尾两数相加所形成的对称视角:

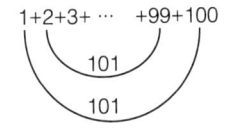

$$1+2+3+\cdots+99+100$$
$$101$$
$$101$$

步骤一 1+100=101,2+99=101

步骤二 整个数列中数字的个数除以2(两两一组):100÷2=50

步骤三 101×50=5050

于是,原本要加99次的数列,只因他把自己放在一个全新的维度,于是只要三个步骤,就能又快又准确地把答案算出来,相比一个数字、一个数字慢慢相加,这种方法算错的概率,以及计算所需的时间大幅降低和缩短了。

如果我们把上述这个算式平移,作为"原生家庭负向

木马印记"的三个步骤破解法,那就是:

1. 头尾相连:将当下发生的问题,与最初发生在原生家庭的同类型初始事件相比对。

2. 头尾第二数相连:将之前发生过的同类型问题,与原生家庭发生的初始事件之后的同类事件相比对。

3. 找到共同点:找到共同的情绪频率/模块/惯性反应/行为,写出内建的方程式设定,并找出当事人"抓着这个木马程序不放"的好处是什么。比如:

被漠视逼我们要自强;

被抛弃让我们要自爱;

挫折教会我们更谦卑;

失去让我们更加珍惜;

我们能弱就能更强大。

举一个我的学生A的实例。A目前在工作上有一个困扰,就是她的顶头主管与她属下同事间不和,她夹在中间经常忙着协调双方的纷争,反而没时间做自己的事。

三个步骤破解法

1. 头尾相连:将当下发生的问题,与最初发生在原生家庭的同类型初始事件相比对。

● 当下：工作上A的主管与A的属下同事不和。

● 原生家庭：身为长女的A，小时候经常夹在父母与弟、妹之间担任协调冲突的角色。

2. 头尾第二数相连：将之前发生过的同类型问题，与原生家庭发生的初始事件之后的同类事件相比对。

● 之前：曾发生过类似事件，在婚姻中，A经常夹在丈夫与孩子，或是丈夫与公婆的冲突之间，成为缓冲带。

● 原生家庭初始事件之后：学生时期身为班长，A经常要做老师与同学之间传达任务、维持秩序的人，以及协调者。

3. 找到共同点：找到共同的情绪频率/模块/惯性反应/行为，写出内建的方程式设定，并找出当事人"抓着这个木马程序不放"的好处。

● 共同点：身为上下关系之间的协调者。

● 抓着这个木马程序不放的好处：能同时被两边的人重视与需要，通过一次又一次身为"协调者"，当事人可以得到"被需要的感觉"与价值感。

解决方案

如果当事人A认识到，无论在哪一种人际环境中，每次都要当"协调者"真的很累，但同时也察觉到自己潜意识或无意识里其实挺享受每一次协调完都能得到被协调双方的感谢与赞美，获得成就感，就会发现自己内在已食髓知味地建立了"协调者"的方程式，总会"不由自主（或自揽）"地身陷双方对立或拉扯的局面。倘若A不认为自己"享受"当协调者的感觉，我们可以反向检查，问她一句：如果之后双方都和谐、和平共处，不再需要你的"协调"，你的感觉如何？如果A直觉地"感到失落，因为不再被需要而感到自己没价值"，这就是A抓着这个木马程序不放的"好处"，也是她无止境投影出重蹈覆辙剧情的潜在动机，这种动机当事人通常很难察觉。

唯有让当事人看见之后，自己下定决心中止这个木马程序的循环，并将自己的价值感、成就感的建立与这个"协调者"的角色模块脱钩，也就是若再遇到"夹在两方中间"的相同情况，就必须强迫自己放手，让双方面对面去处理，绝不介入、干预、传话，也不给意见，不去协调……即使被双方骂也没关系，一次、两次、三次……每次都坚定地选择与过去不一样的反应，这样才能以新的反应覆盖原剧情的反应模块。

可以想见，如果A改变了之后的反应方式，就不再需要继续通过当"协调者"找到自我存在的意义与价值，省下的时间就可以专心做自己想要完成的事，或是实现梦想，从中建立扎实的成就感。

这种"逆转反应法"也是更改剧本走向最快的方法：一个总是习惯性拒绝所有机会、总是不假思索就直接说"不"的人，请改成说"Yes"，无条件、不批判地用心接纳，看看是否会改变之后的结果；一个总是答应眼前每个人的要求，从没想过自己能否承担的人，请改说"No"，不要担心失去朋友，不要怕被指责，看看这股勇气能不能逆转命运，可以连续实验七天，试试看。

当我们看穿木马诡计，"三个步骤破解原生家庭木马快筛"会让莫名其妙浪费掉的时间，从他人身上重新回归到自己身上；也就是说，只要升维看问题，三个步骤之内就能快速"抓马"（DRAMA音译，戏剧性的，此处作"抓住木马快筛"的简称），打破原生家庭负向印记的重重枷锁，迅速将之抛弃！

第二章

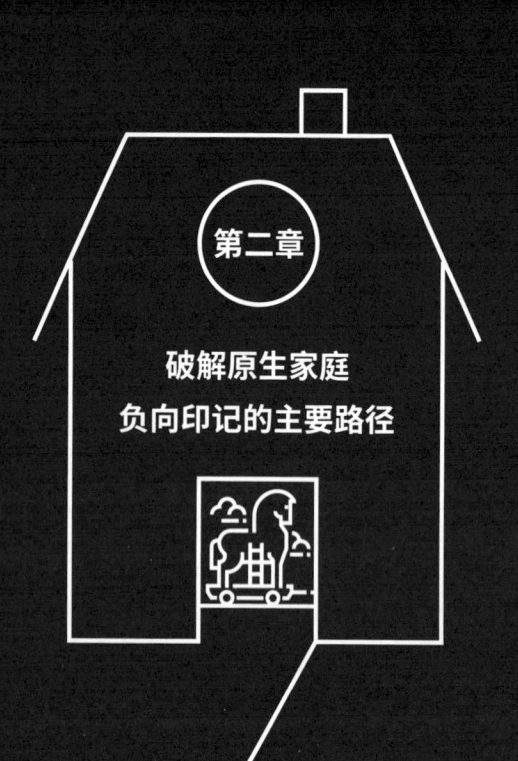

破解原生家庭
负向印记的主要路径

我们在第一章提到了如何将视角升维：加上更长的时间轴、角色群更广大的空间轴，解析看似复杂的原生家庭问题，以三个步骤找到共同点，进而让刻印在大脑中的主要木马程序浮现出来。一旦当事人看见了这个程序，就像在X光片里看到让自己一直不舒服的肿块，当他看到了病灶，就可以自行决定是否移除，他也能从"莫名""无明"的状态中醒过来，进而采取准确的行动改善问题。

如果将"原生家庭负向木马印记的三个步骤破解法"比喻成"X光片"，那么"三代家族史破解源头木马法"，就是依照列举的精细程度产生的"超声波"或"核磁共振"，把潜藏在深处、还没变大的极小病灶精密地扫读（毒）出来。也就是说，彻底"抛弃"原生家庭的负向印记，绝对不是外在行为上与原生家庭"少联络"或"断绝关系"，而是在精神层面充分理解这些印记是怎么形成的。根据量子纠缠的概念，就算搬到火星，你还是会跟原生家庭产生精神上的纠缠，这意味着你现在与未来的自我认同、伴侣关系、人际关系、金钱关系、工作事业、身心健康状态……还是会被其影响，所以必须搞清楚自己"三代家族史"的来龙去脉，才能精准地治疗、蜕变，清除这些负向印记。

"三代家族史"破解源头木马

以下我将详细讲解"三代家族史破解源头木马法"的三个操作步骤。

● 步骤一：将自己设定成记者、传记作者、纪录片导演或侦探，完成对"三代家族史"的探访

如果我们不知道自己的家族发生过什么，就很难比对出"相似之处"，自然也不知道自己继承了什么"负向木马基因"。所以第一个步骤就是把自己设定成记者、传记作者，或是纪录片导演，甚至侦探，尽可能完整地探访自己的家族简史，探访对象包括爸爸、妈妈、爷爷、奶奶、外公、外婆……若还能了解到姑伯姨舅、表兄弟姐妹、堂兄弟姐妹等旁系家族的情况更好，尤其要特别记下自己与家族成员的"特殊事件"并沿线追踪细节，如领养、堕胎、难产、自杀、意外、疾病（哪一种）、分居或离婚（什么原因）、重要的财务事件（如赌博、负债、破产、公司上市）等，若能找到离奇或神奇的戏剧性故事更好。

在探访的过程中，先不必确定主题，但要尽可能详尽，听到什么就记录什么，并要像侦探似的抽丝剥茧，一

旦"嗅到"重要线索，就要紧追不放。如果有些家族成员已经过世，也可以询问其他家人来补充他/她的生平，最重要的是别漏掉自己的成长史，包括从出生到现在你记得的每一件大事，特别是引发你较大情绪变化的部分都要写下来，最好还要通过访问家人、亲友，追溯自己出生前，包括当时母亲与父亲之间的感情如何，父母是否曾有过堕胎的想法等。小时候的你主要是由谁带大的？你是独生子女还是有兄弟姐妹？如果有兄弟姐妹，父母或者养大自己的人是否会有偏爱？每一个故事细节都不要放过，因为这些将会是接下来为自己拼回"木马基因族谱"的重要线索。

以2020年出品的一部《罗塞里尼家族絮语》(The Rossellini)为例。这部纪录长片是意大利知名导演罗贝托·罗塞里尼的长孙亚历山德拉执导的。他是一名摄影师，因父母离异，自小由奶奶（罗塞里尼的第一任妻子）一手带大，成长过程中始终背负着爷爷在影坛上的盛名与绯闻（与瑞典国宝级影后英格丽·褒曼私奔，之后还有第三任印度妻子苏娜丽·古普塔）；亚历山德拉成年后不断惹出麻烦，除了吸毒，还诈骗爷爷与第二任妻子的女儿，也就是知名演员伊莎贝拉·罗塞里尼（可以理解为亚历山德拉通过向家族优秀成员索求金钱来平衡自己内在的不平衡）。他决定拍摄纪录片，通过深度探访爷爷三段婚姻所生的子女，探索家族成员间彼此的看法，他想知道这些同父异母的兄弟姐妹是否都有"罗塞里尼症候群"，也就是名人后代可能会"被"赋予的负向印记与问题。他通过采访才知道，原来优秀如伊莎贝拉·罗塞里尼，也活在母亲英格丽·褒曼的盛名之下，她非常不快乐，双胞胎妹妹与她有"比较"的心结；爷爷第三任印度妻子与前夫所生的儿子，冠上了罗塞里尼的姓氏，导致其自我认同出了问题，后来自杀了结生命……当亚历山德拉看到自己与家族成员"感觉的共同点"或"行为的相同点、相反点"时，他的"家族木马族谱"一目了然。通过这部纪录片构筑出来的"名人之后"的木马模块，就能够解释为何在名人的盛名之下，他们的后代要么极乖极优秀，要么从小叛逆惹事不断，或是起先极优秀，之后突然变得"叛逆"，以求脱离名人模范的偶像包袱与枷锁，其核心方程式都是"在家族的盛名下，如何找到自己的定位"（仿佛阳光照到大树时活在其背面的阴影里）。以这部纪录片反观我们，如果感觉自己再怎么努力，始终得不到父母的关爱与肯定，总是被要求还可以更好，或着无论自己再怎么优秀、得到多少荣耀，还是得不到父母对兄弟姐妹那样的疼爱，就会挫败无力，之后在潜意识或无意识层面上，以不断惹事来得到关注。若能早点从木马模块中醒悟过来，就不会为了跟父母赌气而输掉自己宝贵的人生。

再以2022年的一部电影《古驰家族》(House of Gucci)为例，该片讲述了意大利时尚名牌古驰家族帝国的第三代继承人莫里吉奥·古驰被妻子帕特里西亚·雷吉亚尼买凶谋杀的真实故事，我们可以对照纪录片《古驰夫人：黑寡妇帕特里西亚》(Lady Gucci:The Story of Patrizia Reggiani)来看——这是"互为对应，看似互补，一旦转成负向就变成对立相杀"的两组木马基因族谱共演的悲剧。

帕特里西亚·雷吉亚尼的母亲年轻时嫁给运输商佛南多·雷吉亚尼，他们从小向女儿灌输金钱至上、长大后一定要嫁入豪门才能跻身上流社会的观念，父亲也对这个独生女有求必应，所以帕特里西亚·雷吉亚尼被原生家庭刻上了"找上流社会金龟婿，人生就圆满"的印记，她的名言就是"我宁愿坐在劳斯莱斯汽车里大哭，也不愿坐在脚踏车上大笑"。

后来，在一次社交派对上，她认识了莫里吉奥·古驰，两人相恋，但莫里吉奥·古驰的父亲鲁道夫非常反对，认为两人门不当户不对，于是威胁儿子如果坚持与帕特里西亚结婚，就会被古驰家族除名，而莫里吉奥终于获得了"反叛家人做自己"的机会。1972年莫里吉奥与帕特里西亚结婚，在女方父母大力支持下举办了盛大婚礼。几年后因鲁道夫身体不佳，加上他的弟弟努力促成鲁道夫父子和解，莫里吉奥终于回归古驰家族。

帕特里西亚·雷吉亚尼的木马信念是"掌握好'有钱丈夫'的家族企业，就可以无忧奢华地生活一辈子"。莫里吉奥的木马信念则是"反叛权威控制，自己才有存在价值"，所以他逆父命与门不当户不对的帕特里西亚结婚来逃离家族，后来再以出轨、卖掉股份来反叛强势介入家族企业经营的妻子……"反叛"是他找寻自己定位的脱困手段，他没有学到其他应对方法，这就是原生家庭负向印记造成负向反应模块的结果，而这刚好对应帕特里西亚"女人价值建立在丈夫的名利地位上"（源于害怕失去的不安全感）的控制模块，于是她抓得越紧，他就逃得越远。当她得知莫里吉奥要另娶别人，自己顶着"古驰夫人"名号的生命地基即将崩塌，就一心想把丈夫除掉，至少还可保有"古驰夫人"的头衔，这就是不安全感的控制模块衍生出极端悲剧的结果：为了保住头衔，她不惜杀了自己仍深爱的丈夫。帕特里西亚视头衔地位比生命和爱更重要（她在法院出庭时，还坚持要法官称她为古驰夫人），对应到莫里吉奥视自己的自由比家庭责任更重要，就刚好对撞出这个惊天动地的家族悲剧。热门电视剧《鱿鱼游戏》里也有一句关于"不信任自己造成的不安全感"的木马金句："人不是因为值得相信才去相信，是因为不相信，自己就会无依无靠。"观察这个木马程序的光谱，就是"不相信自己可以独立生存→必须依赖更强的人，否则无法生存→只好假装/强迫自己相信更强的人→自己才不会无依无靠"，而"不相信自己、盲目依赖更强的人"就是产生后续一连串人际关系中"生存利害"剧情的木马运作器。

所以，看电影、电视剧、纪录片、传记、新闻人物的深度报道等，也是从侧面观察各个主角"原生家庭印记"的最好练习。重点不在于到底发生了什么，而是我们感觉到了什么情绪，会出现什么不假思索的言语行为，通过这些表征向内源探查出操控我们反应的木马程序，特别是通过那些"勾起陈年创伤经验"的新闻的实时演变和戏剧性进展，仿佛同时观看自己的纪录片并同步清创疗愈——我们可以边看边思考：从哪些言行可以提早觉察到对方的木马地雷？如何躲开或是拆除，才不会触雷受伤甚至身亡？

此外，大家还可以去找获得第90届奥斯卡金像奖最佳纪录短片奖的《天堂大塞车》(Heaven Is a Traffic Jam on the 405)，导演弗兰克·斯蒂费尔对艺术家明迪·阿尔珀做了超过二十个小时的访谈，让我们知道她的原生家庭对她的暴力、冷漠……令她患上了皮肤病、焦虑症、抑郁症等各种身心疾病。后来她在艺术创作中找到自己生命出口的过程，可作为"摆脱原生家庭负向印记"的经典教材。

如果我们想看更长的时间断面，或是讲述大规模人群"原生家庭印记"的影片，英国BBC电视台从1964年开始拍摄的系列纪录片《人生七年1》(7 Up)就是最好的素材：来自英国不同阶层的十四位七岁小孩，每隔七年被跟踪采访一次，记录他们的人生轨迹，目前已经更新到《人生七年9》(63 Up)。我们可以通过这个系列，以跨越三代的时间轴，一览每个主角最早被原生家庭刻印了怎样的信念，这些信念如何在他们的人格、价值观、求学、工作、人际关系、健康等各方面产生根深蒂固的影响。建议大家从《人生七年1》开始，边看边把关键点记录下来，每看完七年就预测一下：如果主人公没有"抛弃"原生家庭的负向印记，下一个七年，以及接下来的人生，他会在自我认同、学业、工作、人际关系、金钱、健康等方面产生哪些信念或选择的倾向，以及可能产生怎样的问题。然后我们可以在下一个七年的影片中去验证，同时也能通过时间轴的推演，看到当人生的转折点来临时，这个人是照原生家庭刻板印记去做选择，还是在某个关键点上醒来，决定突破并抛弃这些负向印记，做出全新、突变式的决定与行动？如同生物界的"突变"现象，一旦周遭发生剧变导致原状态可能无法继续生存，就会出现突变以适应新的环境，实现物种再造，达到进化与种族延续的目的。

所以，完成"三代家族史"的谱写，相当于把牵动自己"如傀儡般身不由己"的命运之线，一条一条抽丝剥茧地拉出来，如此才能得知哪几条束缚着自己、令自己快要窒息的线可以断然剪掉；哪几条可串编成一条艺术创作的彩带，或是由自己自由挥洒的布纸空间。或是我们也可以这样解释：当人生遇到困顿、挫败，沮丧到低谷，甚至快活不下去时，只要看一看烙印在生命史上沉重的"负向木马"家徽，就是当下觉醒与突变的最好时刻。换个角度来看，通常父母会帮我们活出"我们不想要"的版本，等于先替我们试错，所以"抛弃原生家庭负向印记"最重要的意义在于：不再把原生家庭代代相传的负面信念继续无意识地烙印在下一代身上，使其成为桎梏，甚至吸引其他有同类木马问题的人串联、共振出更多的家庭问题、职场问题、社会问题。如果我们成为"第一代看清自己家族负向印记剧本"的"抛弃者"，就能瞬间化家族负向诅咒为新生的祝福力量。

● 步骤二：跳出家族角色，升维成"灵魂程序维修工程师"

当我们完成了三代家族史的谱写之后，接着就要跳出家族里的角色，想象自己是一名"人类灵魂程序建构师兼维修工程师",这有助于我们快速跳出家族故事剧本的矩阵,旁观者清,问题的症结就能一目了然,就像从人造卫星的视角俯瞰地球城市街道,一眼就能看到交通拥堵的地方,才能够高效排除动弹不得的大塞车。

设定好"高维的上帝视角"之后,请拿起这份三代家族史,用一支红笔,以你自己为核心,往上、往下、往旁边勾画出三代与你的共同点(可以是行为模式、信念、情绪频率、疾病、意外、重大事件等),比方说,若你很爱乱花钱,就往上两代看一下,这个行为可能源自谁的信念印记?然后就像基因剪辑一样,把不想再重复经历的负向模块剪掉。

举一个我在2021年夏天巡讲时遇到的特殊案例:女孩B说自己一直是入不敷出的"月光族",但她的父母都没有财务问题,他们收入丰厚,又会理财,不会乱花钱,也没有负债,为何她会乱花钱,甚至到了要付卡债利息的状态?于是我问她:"你以前是不是有什么东西虽然想买却经常被父母拒绝?"她说:"玩偶,因为爸妈觉得玩偶对学业没什么用处,但他们对我的教育、补习都是很舍得花钱的……"于是她长大之后赚的钱,都被自己"冲动消费"购买了各式各样的玩偶,以填补童年时期都用来读书只为符合父母期待,以及要不到玩偶造成的没有童年的缺憾——其实女孩B继承的不是父母的消费行为,而是被父母看似正面的金钱价值观烙印出的负向信念："钱是有限的，自己想要的都得不到。"等到她长大可以自己赚钱、经济自主时，潜意识或无意识会出现"报复式"消费，无论赚多少钱都会花光，直到无法继续买自己想要的玩偶，严重时还会刷爆信用卡，借小额信贷继续花，导致利息负债循环，没法再随心所欲地买玩偶。这时终于达到了她潜意识木马信念的设定——"钱是有限的，自己想要的都得不到"。这个木马程序就错在她认为爱＝玩偶，得不到她想要的"爱"，就把钱无意识地花在"买各式各样的玩偶"来填补爱的空缺。我们看到许多人长大了还在排队买玩偶、模型、玩具，玩电子游戏等，或是看到宠孙辈的爷爷奶奶或溺爱子女的爸爸妈妈彻夜排队，只为抢到"限量"的玩偶、玩具、潮鞋，让孩子们崇拜或是依赖自己"有能力、有办法"，产生"没我们就不行"的印记。他们总是以"这个交给我"来刷存在感，这样的状况很容易被别人无底限滥用，最后会让自己忙累到不行，做不到时还会愧疚自己无法履约，自责能力不足，而内心"没我们孩子就不行"的焦虑，很容易退回到"低价值感、低自尊"的水位……这就是"爱＝物"的木马印记造成的诸多后遗症之一，也是所谓"金钱木马破口/漏财"形成的方程式之一。

还有另一个同类型的案例：很多父母会说"如果你不乖乖听（我的）话，下个礼拜的零用钱、你的圣诞礼物、要给你的家族财产……就没了"，以钱和物质来控制孩子，让他们符合自己的期望。有些控制欲比较强的父母还会有"朕没给你的，你不能要"模块，如果孩子（或其他人）"主动"向他们要东西、资源、金钱、权位……他们就会"暴怒"。这句话出自电影《满城尽带黄金甲》，剧中皇帝对儿子说："天地万物，朕赐给你，才是你的，朕不给的，你不能抢！"这种权威型人格要的是"由我决定给不给"的权力，所以对方不能有"主动"要或抢的越权行为，包括孩子做人生重大决定时必须向他禀告、经过他的"批准"，这在许多豪门家族故事里很常见。如果孩子从小被教导"金钱无所不能"，或是被金钱利诱鼓励上进达标，而这个金钱木马程序没有被清除，那么将来他长大、努力赚钱后，就会以为自己可以为所欲为，有支使别人的权力，因为他也是这样被支使长大的。

当你以客观的角度一览自己写出来的"三代家族史"，就会恍然大悟自己中了哪些家族木马；如果还能推衍出家族其他成员、身边亲友、工作伙伴、电影中的角色或新闻人物的木马程序，就会越来越熟练，因为"人类木马程序"其实就是这几种模块一再重复，从古至今，从自家到全世界，都只是在这些木马矩阵中流转着同类型的情节故事而已。

● 步骤三：根据勾画出来的关键词，归纳出一组方程式

我们在前文中分析了电影《古驰家族》男女主角的原生家庭，示范如何搜索出"核心木马"方程式——只要写出方程式，就能准确预测"在模块不变的情况下"可能发生的事，有助于我们及早变换车道、趋吉避凶。

举好友A的例子。
她的主要问题：丈夫得了淋巴癌。
我请她将夫妻双方的原生家庭简史列出来，如下。
她的父亲：公务员，已退休，之前与人发生过土地纠纷，得过前列腺癌，做过化疗与手术。
她的母亲：在公共机关工作，掌管家中财务，个性比A的父亲强势，经常严厉管束丈夫与小孩，抱怨婆婆。目前有自律神经失调、失眠、高血压、呼吸困难、钾离子偏低的状况。
她的公公：运输业，直肠癌，已过世。
她的婆婆：买房子、收房租、掌管家中财务，个性比

A的公公强势。

A：老师。因牙痛导致左脸肿胀，眼睛与肩颈也不舒服，还有神经衰弱和焦虑。经常埋怨丈夫的生活习惯，很爱管丈夫，唠叨，有时也会"指正"同事，亦经常抱怨婆婆。

A的丈夫：之前协助家里工作，后来因病无法工作。淋巴癌、抑郁症。

- **双方原生家庭**：女强男弱，A和她的丈夫也同样继承了这个模块。这里提到的女强男弱指的不是经济上，而是个性的强势，男方被唠叨久了，长期隐忍压抑，觉得自己无能力的负面情绪毒素无法排出去，所以公公、父亲、丈夫都患上了癌症。女方则有批评、纠正伴侣，以及抱怨婆婆的共同点。于是就成了：

"女：强势→神经衰弱" VS "男：隐忍→癌症"
继承双方原生家庭两代二合一木马模块

- **我向A提出的建议**：因为她小时候经常"被纠正"，长大后就转为"纠正"别人来拿回"权力"，我请她不要以母亲"管她、管爸爸"的方式来管丈夫，必须中止那种类似老师的"揪错"[1]模块，不要继续纠正他生活中的大小事，否则他会一直接收她的负向批评能量，久了就开始攻击自己（淋巴癌）。

而A牙痛、脸肿、难言语，也刚好让她检查一下，自己是否该停下所有的批评与抱怨，移除来自原生家庭的"看不惯、老纠正"的负向印记，以当初爱丈夫本貌的状态，重新校准两人的关系；我建议她在和丈夫说话时要看着对方的眼睛，带着爱的频率交流，而不是"老师式的纠正管束"，最好能回家向丈夫真心道歉："我以后不会再以'揪错'的方式和你沟通，万一我不小心又回到老样子，请你一定要提醒我，我们俩不能再通过'相爱相杀'引发疾病。"只要化抱怨为感恩珍惜，就有机会随时终止错误循环，重新清空硬盘，恢复爱与信任的原厂设定，这样就能省下制造问题、解决问题的时间与金钱。

- **延伸木马1**：讨厌被别人纠正的人，通常也是爱纠正别人的人。其原生家庭中可能有人也老是嫌他

---

1 正确写法为"纠错"，本文中表示抓住错误，故选用"揪"字，下同。

(她)不够好/还可以更好,于是经常纠正他(她),所以长大后只要一被人纠正,他(她)就会感到被羞辱、瞬间暴怒。这样的人平时也经常看不惯别人,一看不顺眼就要"揪错/纠正/给意见"——可以看一下你身边有这样的人吗?或是自己也中了这个木马模块?

- **延伸木马2**:这种"揪错/纠正"木马模块,经常会催生出"正义魔人"。这种人容易被"打着正义旗帜者"利用"愤怒"这个弱点煽动,不自觉地变成"乌合之众"。这与真心出来伸张正义,为弱势发声者的不同之处在于:前者"坚信自己百分之百是对的,不容置疑与挑战,对所坚持的信念丝毫不肯让步,不肯听也不允许有不同意见,目的是'消除异己,争赢必胜'";而后者是为被打压的沉默弱势发声,理性且愿意倾听各方不同的意见,目的在于沟通并消除歧见后解决问题,达成平衡。

- **幕后花絮**:我们是在一家咖啡厅进行访谈,老板娘送来甜点与茶之后约二十分钟,看我们还没吃,就过来"详细指导"我们该怎么吃……这恰巧发生在我们谈"纠正"模块的时候，于是我们心照不宣，相视而笑……一旦我们察觉到了核心木马模块，就无法再回到"假装没看到"的状态，继续昏睡、继续表演。

- **逆转抱怨木马**："抱怨木马"是人际关系最大的杀手之一，因为这样的人会四处挑毛病、找麻烦，潜意识会创造许多周围的人"得向他道歉"的大小意外事件，借着"对方向他低头赔罪"来得到高人一等的存在感，我称之为"得理不饶人"模块。这些人通常不会快乐，因为当四下无人的时候，只能找自己麻烦；而且这种模块经常与"负罪自责"模块配对，不断共演各种颠倒梦想的剧目，耗尽彼此的生命能量。

	"得理不饶人"模块	"负罪自责"模块
口头禅	都是你的错（抱怨）	都是我的错（自责）
角色设定	以为自己是被害者的加害者 永远都能找到怪罪他人的理由	以为自己是加害者的被害者 永远都能找到怪罪自己的理由
解决方法	这不完全是对方的错 我也有相对的责任	这不是我的错 我不需要把对方的错放到自己身上
参考电影	《美国X档案》(American History X)	《驾驶我的车》(Drive My Car)

只要其中一个角色从剧中醒来,权力博弈的心理大戏就结束了。

抱怨与感谢是两种截然不同的频率,习惯以抱怨应对眼前的人事物来得到关注(也可以说是潜意识在求救,但藏在自尊的面子之下),日久成习惯之后,就以为这是"争取自己存在感和价值感"的唯一方法。我们可以换位思考一下:如果眼前有两位朋友,一位是感恩型,另一位是抱怨型,你想跟哪一类型的朋友亲近?你想把机会给哪位?这样想过,你就知道哪一类型的人会越活路越窄。或许抱怨型的人通过据理力争能得到即刻的关注与一时短利,但同时也断送了未来所有潜在的机会,可以说是吃了无限暗亏而不自知。我们可以带着"理解与宽容"的正向频率,对需要改进的人事物提出善意的建议,而非总是携带着"怨天尤人"的脸色情绪,制造大家都想逃离的能量场。

此外,我们抱怨的人事物,或许正是有些人羡慕我们的地方,如果你真的不知道自己抱怨的哪些事物值得别人羡慕,可以问身边的人,或是在自媒体朋友圈问大家,让羡慕你的人告诉你为什么,而这些都是你"感恩"的盲点。举例来说,有人抱怨自己有个很爱管事的妈妈,另一个已失去母亲的人却正羡慕有妈妈可管她,以此类推。

也就是说,自责与自省的差别在于频率,前者的潜意识很容易创造出"得不断向人道歉"的故事剧本,后者则以升维的智慧跳出剧场,中止"责怪vs道歉"的木马循环。放弃与托付的差别也在频率层面,前者是对自己与周遭感到绝望无力,后者则对一切感到信任,这样才能放心交托。

所谓升维是少言多自省,不抱怨、不指责、不批判,尽量大事化小、小事化无、船过水无痕;降维则是无中生有、小题大作、唯恐天下不乱。让自己活出高维智慧版本的方式是:在讲话、行动之前,先在脑中想一下这句话、这个行为,对方听到或感受到后会出现怎样的频率?这频率是爱还是恐惧?是好还是不好?然后你再调整成正向、好的、有爱的话语和行为。千万不要说出狠毒或是伤人的话,也不要去八卦或攻击别人,更不要无意识地说是非、生事端,只要每一次都以最高智慧来思、言、行,就可以省掉无数次后悔、道歉、收拾残局的时间。之后若发现自己又开始抱怨,可以立即这样转念,即找出当下值得感谢的十件事。

想要高速升维、加速蜕变其实不难,只要把心态从恐慌、沮丧、焦虑、抱怨、绝望、不甘、忧郁、指责、批判……的风暴中抽离出来,通过木马警报器实时踩刹车以防坠崖;接着深呼吸保持稳定,调频转为正向积极"爱"

的频率,就能瞬间清除眼前的情绪地雷,并把脑袋里"比较与批判"的反应模块,变成全然用心投入、直观后欣赏,这样才能真正看到每个人的独特之处,以及自己的与众不同。百花齐放比固定标准的世界精彩,这就是智慧版的你当下可以完成的部分,也是最快、最有效的升维方法,确保你始终在拨弄正确的命运涟漪。

"三代家族史破解源头木马"侧翼游击补漏问题单

以下9个问题,是在完成"三代家族史破解源头木马"后,可以延伸出来游击"漏网次要木马"的问题单,大家可继续"一网打尽、补强式"地破解它们。

1. 把从出生到现在,你记得的每一次重要转折点、抉择点都写下来。

2. 试想一下,如果当初在每一个转折点、抉择点,做了不一样的选择或决定,会出现什么与现在不一样的路径、版本、结果?

3. 列出所有你此前最遗憾或懊悔的事,然后想一下,如果当初在某个环节做了某种改变或修正,现在会有怎样的不同?

4. 回顾你前半生的大事记,想一下,如果重新经历一次，你会在哪些环节做怎样的改变？

5. 如果穿越回到过去，你想在哪些关键时间点给自己怎样的建议？

6. 如果真的有一个五年后的自己穿越过来，你觉得他/她会给你怎样的建议？

7. 请写出你目前最想完成的十个愿望。

8. 请写一句话来总结你的前半生，并写出你经常挂在嘴边，或是写在微博、微信等社交媒体平台的一句话。

9. 回顾三代家族史后，想一下，如果你置身于每一位家族成员的角色中，重新经历每个大事件，你会在哪些环节做怎样的改变？

等你完成了这9个题目之后，就可以看一下我的简单分析：

第1~6题 让你以"过来人"的高维角度，帮自己修改过去的反应模块。

第7题 让你检查一下，自己在未来是否还会投射出未清理的"木马"。比如把"购买跑车或豪宅"当作最想完成的愿望，意味着：

→你是否想以炫富的方式来证明自己是成功的？

如果完成了这个愿望，你想让原生家庭里的谁知道？
你期待他/她会有什么反应？
你是否还需要得到他/她的肯定与赞许？
你要花费未来人生多少时间来满足他/她的期待？
→这就是目前还牵制你的原生家庭负向印记。

第8题 写出"总结自己前半生"的一句话，看似是结论，殊不知这极有可能就是你潜意识的预设，你想怎么更改设定？

我们可以通过"反应逆转法"，把不想要的部分逆转就行了。比如说，有人说自己的人生总是遇人不淑、遇人不善，那么就分析自己为何总被这样的人吸引，自己是否也想从对方身上得到什么，自己是否也在索求什么。如果勇敢自省，把掌握命运方向盘的责任拿回自己手上，我们就能百分之百逆转未来的命运。

举例一

有人"总结自己前半生"的一句话是"我的人生充满了奇迹"。这句话的前提就是"我的人生充满了各种灾难、困难、挑战、危机"，所以才会有奇迹出现，等于自己在潜意识或无意识中就预设了这样的剧情模块。

举例二

有人"总结自己前半生"的一句话或座右铭是"一定有办法"。这句话看似非常正面,在遇到困难时不至于沮丧、停滞不前,鼓励自己或他人积极地想方设法突破困境。殊不知潜意识或无意识已经给自己预设了"眼前必有困难→未来必有方法"的方程式,于是人生总会莫名其妙地出现各式各样、大大小小的问题,人生变成一场闯关游戏——如果知道这些用来制造问题、解决问题的时间,其实可以用来创造、创作、创业,实现梦想等,就不会原地鬼打墙,就像我们拆掉拉磨驴子的眼罩,让它奔跑在辽阔的草原上,或许它就再也不想待在原地无聊地拉动碾子了。

举例三

电影《少年的你》中有一句男孩对女孩的经典对白:"你保护世界,我保护你。"这句话的预设就是"这个世界充满危险,处处都会遇到欺负我们的人"。这样的预设,会让他们随时处在"警戒"状态,即使遇到善良的人想帮忙,也很容易被他们当成不友善的入侵者将之推开,于是人生会往"危险、被欺负、被霸凌"的方向生成更多剧情:以"加害者"的粗暴,掩盖自己原是"受害者"的创伤,或是以"受害者"的可怜姿态,掩盖原是"加害者"

的行为……人生大部分时间就会用来战斗,而非创造与拓展,我称之为"战士木马模块"。

战士木马模块之将帅型: 这种模块有时会出现不少"成功"人士,因为他们很爱开疆辟土。但如果负向印记不解除,他们有时会不自觉地以各种诡异的理由,把成功事业全部毁掉,如此才有新的复仇战斗力去"东山再起、收复失地、重建江山、逆转获胜",这就是不断魔鬼循环的人类木马程序。

纪录片《他梦见巨人》(He Dreams of Giants),是以《12只猴子》(Twelve Monkeys)等奇幻经典作品闻名影坛的名导特瑞·吉列姆拍摄的。他心中最想拍的是《谁杀死了堂吉诃德》(The Man Who Killed Don Quixote),从1998年开拍以来,历经荒漠洪水、资方撤资、多次被迫换角等离奇惨剧,他多次"被迫"放弃又"再继续",戏里戏外完全在上演"战士木马模块之将帅型"之堂吉诃德屡败屡战的木马剧:一如堂吉诃德见到风车就开始胡乱冲锋,直到筋疲力尽才发现战场上没有别人,只有好战的自己。此外,电影《1917》里也有个"不想停战"的好战将军在打一场荒谬的战争,这两部影片都值得一看。

战士木马模块之忠臣型: 有这种模块的人,只要上面有个好战的领导或长官下指令,他就会是一个有目标和行动力的超强战士,但如果这个下指令的人离开,他就容易陷入茫然无首的慌乱,会想方设法找到继续作战的理由,有时还会恐吓、威胁、哀求,不让这个"不再指挥战斗"的指挥官离开,这指挥官通常是父母、兄妹、上司、伴侣。"战斗"是他的生存激情,如果之后没人给他下战斗指令,他就会在四周投射出一个假想敌,甚至投射出一个更大的战场,让自己重新启动再次战斗的生命动能,因为他若不战就会失去生存的动力和目标。麻烦的是,他第一个投射出来的敌人,往往就是刚离去的指挥官,或是不再继续帮他的贵人。只要他能早点清醒,看破自己为谁而战、为何而战的假象,就能驱除战斗杀气,放下屠刀立地成佛,战场就会变成道场。

第9题 是以"过来人"的高维角度,帮家族三代修改过去的反应模块,清除家族代代相传、无意识的负向印记。

以上就是游击漏网次要木马程序的快筛法,可与找到的"主要核心木马"合并对照来看,然后设立"自我觉察"系统,每个念头都先辨认一下——是否带有"原生家庭负向木马印记"?还是已清除过滤后的纯净、自由、无碍的想法。"自我觉察"系统最少坚持执行二十一天,如果能坚持三个月以上更好,这样才能彻底抛弃原生家庭的负向印记。

第三章

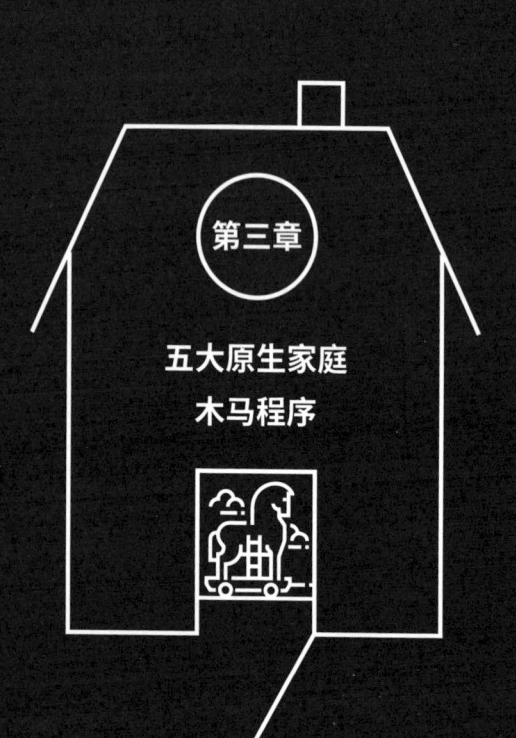

五大原生家庭木马程序

人生经常要面对五大课题：自我、关系、天赋蓝图、金钱与财富，以及身心健康。以上这些已经涵盖大部分人99%的课题，如果能找到贯穿命运的负向核心木马，就能把人生过去、现在、未来的问题一次解决，相当于把一直投射问题的发球机关掉，不必一直被困在追着球打的球场里出不去。

接下来，我将一一示范如何破解这五大类别的人生课题。对每个课题，我都会将同类型诸多相似问题整合成一个来做总示范，其相关的案例信息也已隐去。

面对自我：个人自信、自我存在意义与价值

我首先要讲的是"面对自我：个人自信、自我存在的意义与价值"的案例。如果发现自己有"不自信，觉得自己不够好、不够美、不够优秀、不够努力，很在意别人的评价看法，不喜欢被人忽视，很容易陷入比较或竞争的状态，怕被拒绝、怕输……"这类的木马程序，就是"自我"这个最基本的核心出现了负向木马掏空生命地基的情况。一旦自己与自己的关系出现了问题，就很容易造成人际关系、伴侣关系、工作事业、金钱财务、身心健康等各方面都出现连锁的问题。以"自我关系影响人际关系"为例：经常挑身边人毛病的人，要么就是自我感觉不太好，想拖别人下水来平衡落差，要么就是想引起对方关注。如果能清理木马bug，并校准"自我存在意义、自信、自我价值感"的偏差，其他从"负向自我"投射出来的木马就可以迎刃而解——只要我们能完全认可自己，外在的名利荣华富贵，就是可有可无的锦上添花而已。

父母为孩子烙上的负向印记严重影响孩子的自我价值感

自信、自我存在的意义和价值感出现问题的人,很多是因为父母一心想打造"完美"的孩子以弥补自己的"不完美",要求孩子一路优秀、阳光、听话、善解人意,这却令孩子无法喘息。请问他的负面情绪要躲藏在哪里?它们消化不了,深埋也解决不掉,就会变成随时引爆、伤人伤己的地雷。

网络上流传一篇笔名为坚果的作者写的文章《我花了12年的时间,终于亲手毁了自己的孩子》(来源:新东方家庭教育,ID: xdfjtjy)。

她描述了自己在"儿子不同年龄段遇到各种状况时"是怎么反应的,以至于孩子最终出现自责、不爱自己、不自信、寡言、胆怯、孤僻、忧郁、自毁……的倾向,大家可以先在网上看完这篇文章,然后反思一下:如果是自己的孩子,我们该如何反应才不会给他们烙上负向印记、戴上自我毁灭的枷锁?

针对这篇文章提及的事件,我做了一个简单的表格,这些几乎是绝大部分亲子关系中都会遇到的状况。

亲子关系中常见状况及建议

事件	母亲的反应	孩子的反应
孩子被同学欺负、弄伤。	母亲训孩子:"这同学怎么就欺负你,不去欺负别人?是不是你做了什么惹到人家?你不会躲开吗?"	从此之后,孩子再遇到类似的状况,就会选择沉默,因为他不仅没得到安慰或支持,还被骂。

这样的反应可能会造成孩子哪种负向印记	我的建议
如果孩子内在觉得自己不够好,就很容易吸引施暴者通过伤害他来赢得成就感,潜意识创造出符合"贬损自己"的能量态。 最大的后遗症是,以后孩子遇到任何不合理的待遇,不管是被暴力威胁做非法的事、被勒索、被要求吸毒,还是被性骚扰、想轻生……都选择隐忍不说,直到出了大事,就无法补救了。	父母永远都要成为孩子最亲密、最信任的朋友,只有孩子知道你不会批判他,永远都会站在他那边,才会第一时间把遇到的问题告诉你。 此外,也需要联合学校老师好好关心那位霸凌别人的孩子,看看其原生家庭是否有家暴或言语暴力的问题,趁现在还来得及补救修正,以免日后造成更多的社会问题,出现更多的受害者。 参考电影: 《阳光普照》 《此处应有光》(*Let There Be Light*,斯洛伐克)

续表

事件	母亲的反应	孩子的反应
母亲觉得邻居家孩子的成绩、表现比自家孩子好（有的家庭是在自家孩子之间互相比较）。	母亲教训孩子："你看看你，这个也不如他，那个也不如他……"	孩子可能产生两种极端反应，一种是照着你的设定"越来越糟"，另一种是"非常努力以赢过对方"。

这样的反应可能会造成孩子哪种负向印记	我的建议
无论是哪种反应，孩子都已经把你的"竞技场思维"搬进了自己的脑袋，于是他之后都会以"赢过别人"为成功的标杆，不再探索独属于自己的天赋兴趣，变成了在别人的竞技场上必胜不败的好战战士。 可能会造成的后遗症是，如果逼孩子只关注学业成就，忽略他们对爱的需求，等到孩子长大，就真的别怪他们只重视事业目标，忽略对家人的关爱，轻视自己的健康。 另一个潜在危机是，一旦这样的孩子在学业、事业、感情上挫败，就很容易瞬间崩溃，之后再疗愈重建要花非常长的青春宝贵时间，有时甚至自毁生命无法挽救。 参考电影： 《起跑线》(*Hindi Medium*)	千万不要拿自家的孩子跟别人家的比较，就像把豹、鱼、鸟放在同一班，无法用同一标准比较每一位的专长。我们只能从旁协助，不要干预孩子寻找属于自己的兴趣天赋，让孩子做完整的自己，而不是父母的复刻版。

续表

事件	母亲的反应	孩子的反应
孩子想在商店里买玩具，但家里已经有很多了，孩子赖在店里抱着玩具不肯放手。	母亲对孩子说："如果你再不听话，我就走了！"	孩子害怕被遗弃，所以放下玩具，哭着追妈妈，要妈妈不要丢下他。

这样的反应可能会造成孩子哪种负向印记	我的建议
孩子从此不再说出自己真正的需求与想法，总是以母亲（权威者、他害怕的人、想讨好的人）的期望为主，之后他将会是一个乖巧、随和、不任性、不闹脾气、懂得克制自己欲望的好孩子，但久了就不再有自己的声音，也无法自主地做决定，总要听从别人或权威的意见，以至于变成了茫然空洞的工具人。	与孩子深谈，了解他为何喜欢这个玩具？这玩具能带给他怎样的满足感？这感觉能否通过亲子间的情感交流或者创作来完成？比如玩积木、绘画、黏土雕塑……将须购买才能拥有的物欲转为创作欲，这样可以让孩子发挥潜能，建立自己的成就感。

续表

事件	母亲的反应	孩子的反应
邻居家的孩子来家里玩,把自家孩子的玩具抢走了。	孩子哭着要拿回玩具,母亲教训他:"要跟朋友分享。"	从此以后,孩子就经常把自己的食物与玩具分享给别人,即使自己还没吃饱或没玩够。

这样的反应可能会造成孩子哪种负向印记

老师称赞这孩子懂事,反而更加让他"不再重视自己的需求"。长大后他就会习惯把别人放在自己之前,一直牺牲自我、成全他人,直到自己被掏空耗尽,失去自我为止。

我的建议

孩子面临不合理的情况时,双方家长必须秉公处理,否则那个抢别人玩具的孩子,将来也会习惯以"抢夺"的方式拿走自己想要的东西,很容易触犯法律。

此外,要教孩子爱自己,勇敢表达真实情绪、感受、意见,勇于拒绝不合理的要求,而不是来者不拒,没底线地一味退让妥协,委屈地做"大家眼中的乖孩子",甚至默许别人伤害自己,最终彻底失去自我,茫然失措,找不到活着的意义而自暴自弃。

我的建议（接55页）

真心建议每一位父母、师长，不要以"爱"之名、以"我这都是为了你好"的名义给孩子种下木马，那极有可能源自成人潜意识中的"担忧"孩子将来会没有朋友、"担忧"孩子将来会孤单的木马。应该让孩子完全自主决定自己怎么做，毕竟孩子刚刚开始建立自信和自我存在价值的生命地基，如果经常"强迫或软性建议"孩子"分享"自己的玩具、零食、空间给别人，孩子在非自愿的情况下极有可能觉得委屈。（自己想一下，如果有人要你分享你珍爱的事物给他/她，你愿意吗？）孩子的生命地基都还没扎实，就一直被"要求分享"掏空，长大后也会继续要求身边的家人、友人"分享"，自我被剥削的木马印记就这样一代传一代——我们周围不是已经有很多"自觉为家人（父母、公婆、伴侣、孩子）、同事牺牲很多，已经被掏空，没了自我"的中年危机者了吗？

分享应该是：当自己感觉丰盛喜悦，自然就会自动自发地分享给身边觉得重要的人，因为希望身边的人也能享受丰盛喜悦，这频率是快乐的。但如果是"被要求"、心不甘情不愿地分享，那频率就是"隐忍、委屈、愤怒、挫败"的，一直让孩子有这样负向频率，久了会产生怎样的人格？他/她会自信吗？会有力量吗？

我也见过在这样的木马印记下长大的孩子，有些会转成"类正向"：长大后努力赚钱，不仅用钱买那些童年一直"被分享"出去的玩偶、玩具，还会买来给家人、友人，即使他们并不喜欢这些东西；以至于让家人、友人感受到很大的压力（不知是否要明说、拒收），然后就产生家庭关系、人际关系"控制与紧张"的问题，所以我才说这是"类正向"：表面看起来有激励作用，实际上也是负向摧毁级的频率。

所以请不要强迫孩子分享，以至于被种下"自己无价值"的木马封印。

延伸的木马模块

针对上述表格中的内容,可能会延伸出两个木马模块:

牺牲自己之救世者木马模块

我曾遇到过一个从小一直被要求"多分享,多帮助别人"的个案,他问我:"'帮助别人'能不能成为天赋使命?"我的回答是:

"那要看是'出于真心'直接去做,就算对方不知道你是谁,不感谢、不回报,甚至辱骂你也没关系,还是有潜在动机,等对方的感谢、回报。如果是后者,那么你的给予就带着'交易'的目的:你帮别人,而你的潜意识也正期待对方的关注、尊敬、崇拜、赞美、友情,以及对你的好评……那么你可能就会掉进一个'救世者与一群待救者'的纠缠模块,等到你耗干了所有,再也帮不了任何人,从此没人再给你关注、尊敬、崇拜、赞美、友情、好评时,你的自我存在感就会受到打击。如果以'帮助别人'为你的生命核心,一定要先检查自己是否才是那个最需要帮助的人。如果你连自己都帮不了,又如何能帮助别人?以'帮助别人'来逃避自己该面对的课题,或是对'帮助别人后得到感谢'的成就感上瘾,就很有可能会产生'尽全力却还是帮不了对方'的挫败感,甚至可能会遇到'抱怨你无能''恩将仇报''以怨报德'的离奇事件来棒喝你、敲醒你。我们要学会'愿意相信别人也能做好',从不信任的控制转为信任,放手将成长的空间还给他人,自己轻松、身边人也不会感到窒息。"

我们也不需要为了把自己升格成"能者",总是一下子答应别人的要求,而莫名揽了一堆别人的责任,等到自己过劳耗尽,才不得不取消、改约、不回复别人信息。这有可能是不自量力、承诺过多却无法兑现的力不从心,需要马上调整"有求必应""眼高手低"的失衡状态。如果半年内这种情况出现三次以上,表示你习惯以躲避、反反复复的态度来面对眼前被吸引而来的过量承诺,进而造成一种非常不稳定的能量状态。所以建议大家从今天起,所有承诺别人的事情,请先想清楚、三思之后再承诺,要确定自己非常有把握做得到才去答应别人,不要为了"面子"轻易许诺,否则开了太多空头支票却不能兑现,对自己也是不负责任的。此外,倘若发现自己总是"觉得"被身边人利用,就要迅速回归自己的内在,诚实检查自己不敢拒绝对方的潜意识里是否也对对方心有所图。然后安静独处,滋养空虚的内心,扎实填满这些因自信不足而对外索求的坑。

也就是说,只要不敢拒绝别人,或是怕被别人拒绝,就是中了"害怕失去"的木马程序,前者怕失去别人,或是有损自己的形象;后者怕失去自己的尊严。不敢拒绝别人的好处是人缘极佳,坏处是会忙到累垮被掏空;怕被别人拒绝的好处是自立自强,不麻烦别人(因为不给别人拒绝的机会),坏处是裹足不前,不敢与人合作,也不敢表达自己真正的心意。重点不在于要不要立下界限,而是要以哪种频率:害怕还是信任来应对。只要心中有恐惧,无论拒绝或答应别人,还是被别人拒绝或答应,都会产生负面情绪,比如拒绝别人后怕对方不高兴,答应别人后怕自己做不到,被别人拒绝后感到很羞耻很受伤,别人答应了也怕自己不符合对方的期待……但如果心中信任自己也信任他人,那么就算被对方拒绝也不会失去信心,依然觉得有希望;即使要拒绝对方,也会带着祝福他/她未来更好的心愿,不让对方觉得自己很糟,把伤害降到最低。

此外,我看过几位有"救世者木马模块"的咨询师或医护人员,她们会因为没被别人感谢而感到挫败,觉得自己不被尊重;还曾有一位医生朋友对我说:"奇怪,当我没救活病人时,会被家属抱怨;但如果我救活了病人,家属感谢的却是神佛……"我也曾经在群里看到两位同学的对话,同学A对同学B说:"别人向你咨询一定要收钱,否则对方会不尊重你。"这个木马就是"自己需要别人尊重,因为内在觉得自己不够好",但又不知道怎么衡量抽象的"尊重",所以就用"钱"来代表尊重,这在过去或未来可能会面临的状况是：

- 如果有比她资历浅的人，咨询费收得比她高，她马上就会不平衡，然后这种"不甘"会把她带向竞争木马的剧场。

- 她会经常觉得别人不尊重她，无论是对方讲话时没看她，没立即回她信息，还是拒绝她。其实被别人拒绝，可能是对方真有难处，或是觉得不适合，但中了这组木马的人会经常得出"自己不被尊重，不是自己不好，就是对方不好"的"木马结论"，就像电影《陌生人的善意》(The Kindness of Strangers)里一句经典对白："你没看我，是因为看不起我。"

尊重是自己给自己的，不是别人给的，来找我们寻求专业帮助的人，不是要让我们感觉比他们优秀，我们也不是救世主，应该要感谢他们协助我们看到"自己也没看到"的方面（包括木马），他们都是成就我们的老师，所以千万不要把"成为咨询师/医护人员"当成让自己感觉很厉害、很优秀的途径。如何检查自己有没有中这个木马？可以检视一下：疗程结束后，如果对方居然没感谢你、称赞你，你会不会觉得失落。

一个没有"救世者木马模块"的人，脑袋里连"帮"这个字都不存在，他凭直觉做自己该做的事，做完了不会、也不需要到处宣扬，因为他脑袋里根本不存在"帮与被帮的人"的高低之别，就算无法为别人解决问题，他也不会因为"怕"别人不高兴、"怕"别人对自己不满意、"怕"别人认为自己无能,就不敢拒绝对方,导致耗尽自己的生命能量、时间、金钱。即使他帮不上忙也完全不会有愧疚感,头脑清明、内心智慧有爱,正如那位背女子过河的僧侣,没想过"自己"的清誉,也完全没想过"别人会怎么看他",过了河就放下。其实助人不是快乐之本,快乐才是助人之本,我们只能给出自己有的,《金刚经》里的"无相布施"[1]就是很高的境界。

○ 不自信之完美主义木马模块

宁缺勿滥是完美控制木马,宁滥勿缺是害怕孤独木马——如果你发现自己自信心不够、找不到自我存在的意义、自我价值感不足,可以直接问自己,印象中爸爸或妈妈(或养育你的人)曾说过什么话,让你觉得备受挫折或是被打压。检查一下这句话有没有变成制约自己的负向木马。

我建议为人父母者,在孩子自信地基还没发展健全、构筑坚实前,最好不要以教导其谦虚低调之名,行泼冷水打压、挫其锐气之实,因为初冒的苗芽正在向上生长,要有温暖的鼓励与足够的支持,才能撑起自信底气与才华光

---

[1] "无相布施"指"不住相布施",也就是说会做好事,但并不会为了求得好的果报而行善。《金刚经》云:"不住色布施,不住声、香、味、触、法布施。"我们在日常生活中,讲话、做事、吃饭、穿衣,只要心存慈悲,处处可以帮助别人,造福大众。

芒，只有长实了才可能弯腰谦卑。

我举一个真实案例：有个朋友一直想出书，想了十二年，资料也都备齐了，可是迟迟没开始动笔写，也没去找出版社。后来有一天我跟他聊起自己三十多本书的出版经历，他才说他也有出书梦，可是一直没行动，觉得自己很"没效率"，我一听就知道必有原生家庭木马卡住他，所以就直接深究他的木马为何。

我问他："你爸爸或妈妈曾说过哪一句话，让你不敢这么快出书？"

他回答："我妈说，什么事都要'准备到完美'后才能去做，如果还没准备好就不要做……"

我说："就是这句话卡了你十二年，今天如果你没发现这只木马，可能还不知道会被卡住多少个十二年……大自然中没有'完美'这个词，没有一朵花要等到自己'完美'了才开放，也没有一棵树要等到种子'完美'了才开始发芽，完美是基于'看不到自己哪里好，永远觉得自己现在不完美，所以要努力成为更完美的自己'而产生的焦虑（未来），也就是'否定当下自己'的负向频率。完美主义者最大的麻烦是会盯着'不完美'处并将其无限放大，偏执地非要补全那个缺口不可，殊不知可能会拆东墙补西墙，一直陷入无限焦虑奔忙的频率中。

"'完美'这个词是带有'限制性信念'的木马,是父母害怕你出错,担心他们不在你身边就保护不了你的恐惧频率,你继承之后就成了裹足不前的绊脚石,因为那个'准备到完美'的虚幻永远不可能到达,事实上只是给自己'不必马上行动'找的借口,也带着'不信任自己、不信任周围'的频率,这就是为何有人说'担心是轻度的诅咒,鼓励是无形的保佑',因为担心并不会减少明天的痛,只会掏空今天的力量,预设明天伤痛的剧本。

"你要问自己:'我到底在害怕什么?'怕自己写的不好,还是别的什么?你完美继承了母亲的害怕,所以你要一键(见)解除完美木马。破解的方法很简单,就是定好书的预定上市日,再向前倒推详细的月计划、周计划、日计划,照时间去执行,以行动取代'因恐惧导致当下裹足不前'的无限拖延,就像推知了预产期后,接下来顺其自然就行了,至少孩子不会等到'完美'才愿意出生……你可以把曼德拉说的这段话,作为破解这个核心木马的解决方法:'希望你的选择反映你的梦想,而非你的恐惧。'然后'当下即完美'可以作为你随时转念、调频的金句。"

他听完后很开心地说:"你说的我都懂了,我会'慢慢'改变……"但我一听就知道他其实还藏有"害怕改变"的频率,于是我说:"你可以给自己一个破关的关键语：不必想太多、现在就去做；先求有、再求好，边做边修正。否则你会被'恐惧不完美'困在原地。这让我想到电影《隔窗恋爱》(Through My Window) 中，妈妈对喜欢写作、抱着爸爸书稿看了许多遍的女儿说：'你知道你爸为什么没有出版小说吗？因为他从来都没拿给出版社看过，他没有勇气。他是很棒的作家，但总觉得自己不够好。'"

透过这个实例，我们知道"不必因为没效率而不自信，正因为没自信所以才没效率"。升高维度来看，"拖延症"这三个字本身也是木马词，一旦找不到自己的节奏，就会和别人比较快慢先后，当我们了解木马后，就能对症下药。

其他"自我存在"的木马模块
○ 觉得父母偏心的不平衡木马模块

若从小感到自己没有得到公平对待，"觉得"养育者偏心家中其他孩子，就要注意长大后，不要出现因为"感到"被区别对待就怀疑自己不够好的负向木马反应，这会让自己永远只拥有"被区别对待"的视角，总是创造出"不被公平对待"的不平衡假象，看不到真相全貌，就好比头歪了，看什么都是歪的。

心理不平衡且反应激烈者，有时会想要甚至真的去毁灭对方、毁灭自己，例如皇室兄弟相残或企业兄弟阋墙。

温和一点的，也许会直接离开，但对方可能搞不清楚为什么，形同自己葬送了许多资源、机会、情感关系。还有一种反应是："既然看不起我，我就要'证明'给你看。"殊不知这样想的你已经将对方的"标准"作为人生奋斗的目标，进了对方的竞技场，就算赢了，也不是自己真心想要的，反而输光了实现真正梦想的时间。所以要先从源头拆除这个早就歪斜、一直造成你心理不平衡的天平，让每个人都恢复成独一无二、无须比较的珍贵存在，就像百卉群星，没有竞赛评分机制，这样才能从不甘心、不平衡的羡慕、嫉妒、恨的心魔中解脱出来。

丢三落四木马模块

我以前带团时，经常遇到丢三落四的团员，总是要麻烦别人把东西送回给他/她（潜意识里可能还有"求关注"的需求），我就会提醒这位团员保持觉知，全心全然地活在当下，这样就能省去寻找的时间、麻烦别人送回来的时间、丢失后再买所花费的金钱，乃至再也找不到、买不到的遗憾与悔恨。

面对自我相关课题，你可以这样做

这几年来找我做木马咨询的同学，有很多人的自我价值、自信、自尊，曾在原生家庭受到过核爆炸级的毁灭。

我引导的方式就是请他们想象:"如果有一个平行宇宙的自己,已经成功活下来并过来帮忙,他/她会对现在很想毁灭世界、毁人毁己的你说什么呢?"大家可以参看奥普拉的新书《你发生过什么事:关于创伤如何影响大脑与行为,以及我们如何疗愈自己》,看看奥普拉如何将自己的创伤化为大爱使命,办学校培养有同样经验的女孩成为未来的青年领袖;也可以看TEDxBoulder的演讲《我差点成了校园枪击案的凶手》(*I Was Almost A School Shooter*),听听讲述者阿隆·斯塔克自述在关键时刻悬崖勒马的故事。每一天,我们每个人都有机会以小爱掐熄自己或身边的人"木马大地雷"的引信,只要及时灭掉刚点燃的愤恨不平的火苗,让加害者消失,受害者也会跟着消失。

此外,当我们中了"自我价值感低落"的木马,经常会逼自己拼命做到优秀,让别人称赞,通过外在肯定来逃避/掩盖潜意识或无意识觉得自己不够好的空洞,这空洞就是自己不快乐的原因,也是亲密关系和人际关系的破口,带来疾病与意外,尤其特别容易造成金钱、财务、消费方面的破口,导致无休止地把钱花在"让自己看起来更好、更美、更优秀"的事物上,来填补自己。

如果90%的力量来自外在,就只剩10%的内在不受外在人事物的影响;但如果90%的力量来自内在,就只剩10%的外在会影响我们的心情与价值感。所以，你印象中爸爸妈妈（或养育你的人）曾说过什么话让你印象深刻？你就从这句话中找出负向频率（恐惧、担心、觉得自己不够好）对你造成了哪些限制/制约。如果你有孩子，也请检查自己的哪些言语行为会给孩子刻下负向印记。只要当下觉察并提前修正，都还来得及。

无论人生在低谷还是高峰，不管是贫还是富，都要保持本性，打造内在宠辱不惊的地基。记住，不必鞭策出更好的自己，只要保存本初貌真的自己。不必计划，在最高维度的层次中，一切都已完美，一切都已充足！

人际关系、家庭关系、情感关系

人与人之间，只要把自己不愿面对的黑暗阴影投射到对方身上，就非常容易引发冲突，特别是对别人的莫名愤怒，很多时候是潜意识里对自己有很深的敌意，因为整个世界就是自己内心戏的投影。如果对别人有愤怒、不满或敌意，最好能给对方解释的机会，以确定不是自己的木马程序、创伤偏见或是刻板印象造成视觉盲区，以至于误会对方。如果中了木马鬼遮眼，就会身在福中不知福，焦虑慌忙地瞎找幸福；移除了木马，把愤怒、嫉妒、攀比、恐慌、不满、怨气、看谁都不顺眼……从内在清除掉，人生就会多出80%的宁静幸福，之后才能安心享福。

父母的影响会被投射到自己的人际关系中

在我所经手的案例中，有3/4的人因为没觉察到父母对自己的影响，而把负面模块继续投射到自己的人际关系中，比如父母不睦、分居或者离婚，让自己有了对感情不信任的木马模块，于是很容易因为"害怕受伤"而不轻易恋爱，在面对一段可能发生的新感情时，往往会以"请教别人（闺密、好友、算命占卜者）""听父母长辈的意见"等来降低爱情的风险，或是干脆以不恋爱、单恋不表白的方式防止自己受伤，殊不知这个"害怕受伤"的频率，才是产生感情问题的投影源，往往造成所谓的"疏离型依恋（高逃避、低焦虑）"，甚至"恐惧型依恋（高逃避、高焦虑）"的状况。

所以，如果身边有人对你说"你给的都不是我要的"，请先别感到受伤或挫败，那是因为他觉得不被理解，他的内在的孤独感正在愤怒，或是他的爱也曾被拒绝过。千万别跟着这组木马一起旋转，也别因此害怕付出，但要检查自己是否太强迫他、给了他太多压力，让他感到窒息——同理心跟同情心不一样，同情心是跟对方共感，越同情越耗费心力直到累垮，但同理心是慈悲与智慧，不必陪着对方同悲入戏，而是清明点醒对方出戏。

还有另一类案例，父母一方有外遇，很容易造成潜意识里怀疑另一半，久而久之对方也被疑心病搞烦了，不是提出分手，就是干脆如对方所设定：真的有了外遇。比较麻烦的是，父母不只在家互骂互撕，甚至在法院或公众媒体上互揭疮疤，对于还搞不懂大人世界的孩子来说，会被直接烙上"感情很麻烦，充满谎言与背叛"的负向印记；最受伤的是，有些孩子搞不懂父母吵架、离婚的原因，会怪罪到自己身上，责怪自己哪里不好才让父母吵架，于是"对感情不信任+自责/自我贬低"木马就会伴随着孩子长大，不仅造成自我价值感低落，人际关系、亲密关系、健康意识（特别是免疫系统）也容易出问题，特别是当内在不认可自己时，潜意识很容易创造出被指责、被批评的状况。有时这种"自我价值感低落"还会变成"金钱破口"，导致无止境地把钱花在"让自己看起来更好、更美、更优秀"的事物上来填补自己。

最近我看到一则在网络上广为流传的新闻，很为之动容。朱政坤法官在离婚判决书的最后，留下千字文给八岁的孩子，摘要如下："……在爸爸妈妈的吵架中，你真的没有做错任何事情……你的爸爸妈妈真的都非常爱你……他们都很努力用自己的方法在爱你……因为法律的规定,叔叔必须去写'他们谁的错比较多',于是你在上面会看到很多很多他们互相攻击的话……请你一定要相信,爱你的爸爸妈妈,他们都是最棒的,这些才是真的'事实'……希望你幸福。"如果准备离婚的父母能诚实对孩子说"这些都是大人自己要处理的问题,不是你的错",或许就能减轻在孩子心中种下的"自责与不信任"的负向木马印记的杀伤力。

揪出并破解伤害人际关系的木马

那么,我们该如何从个案的提问单上,以"三个步骤"直接找到"原生家庭核心木马程序"呢?

案例一(自述)

小时候我总是被好朋友背叛,身边没有人懂我,遇到困难时身边也没有人可以帮我。结婚的时候一个朋友都没有请,因为小时候和一个好朋友说自己喜欢某个男生,后来她也喜欢,最后她居然鼓动全班同学不喜欢我。她不仅争取到了那个男生的喜欢,还往我身上泼脏水让那个男生嫌弃我、远离我……我总觉得我得倒追自己喜欢的人,而且最终还是会被甩。

三个步骤破解

1. **揪错**:用红色笔标出或写出负向关键词。

2. **归纳出一句方程式**:因为自己不够好,所以总被身边亲密的人背叛、夺爱。

3. **查访**:询问原生家庭中是否发生过让她"感觉"自己被身边亲密的人夺爱的事情。

- **询问的结果**(自述):小时候跟我很亲近的妹妹,居然把我告诉她的秘密跟爸妈说,害我被爸妈骂,爸妈从此很讨厌我,总看我不顺眼,感觉妹妹夺走了爸妈对我的爱。

- **归纳分析**:从此她就被种下"被身边亲密的人背叛夺爱"的方程式,继续在她的求学时期、恋爱期间产生阴影。如果不破除这个模块,在她的婚姻关系中极有可能再度出现"被身边亲密的人背叛夺爱"的事件,对象可能是自己的家人(妹妹)、闺密、同事、邻居、保姆、保洁阿姨、家教,她甚至会把自己的女儿视为"夺爱"的情敌……她的疑心病不仅会导致自己不信任身边的女性,也会给丈夫造成巨大的压力。

- **破解方法**:回到当初的时间点,去看"被身边亲密的人背叛夺爱"的那件事,把自己置入妹妹的视角来重新体验这件事,就可以发现原来妹妹感觉爸妈更爱姐姐，所以想夺爱，于是把秘密告诉了爸妈，企图让爸妈从此不喜欢姐姐——当自己看到这一点，理解后就能原谅当时还小的妹妹，而不再用这个故事创造出来的"受害方程式"，继续创造更多"被身边亲密的人背叛夺爱"的"事故"。

- **反例**：同类型的案例，我看过一个"反例"。一样有被背叛夺爱的童年经历的女性，后来成为第三者，她潜意识通过与另一个女人竞争夺爱的方式，来证明自己才是"更"值得被爱的。我也看过同样都有"被身边亲密的人背叛夺爱"模块的两个女人爱上同一个男人的剧目，而这类男人通常"被妈妈或奶奶争相宠爱、溺爱"，所以当这类男人出现外遇问题，多半选择躲起来，"让女人自己去争斗"。

- **破解方法**：先检查一下原生家庭里最早关于爱的"竞争模块"是怎么建立的？是因为小时候经常被问"你更爱爸爸还是妈妈"，还是经常被拿来跟兄弟姐妹或隔壁家的孩子比较？找到源头之后，接着解除木马模块："爱需要争取"是错误的方程式，无须为了证明自己有魅力，而掉进三角关系的竞技场。要重新设定：自己足够好，不必与人夺爱，本自具足，就不必争夺或占有对方。

案例二

2019年我遇到一个想找我破解木马的人，他的困扰在于，总是陷入两个或两个以上的女人之间。通过跟他深谈，依据他的自述，我再结合其他几个同类型个案的情况，整理出"不断越狱，却逃不开自己无法独处、自处的情感依赖狱"的木马模块。2022年我看到有些艺人、名人、豪门"富二代""富三代"、知名运动员闹婚变的新闻，以及电影《古驰家族》《皇室奇遇记》(Khoobsurat，印度)……那些闹婚变的名人，以及影片的主人公，他们的"原生家庭负向印记"与这个个案的木马运作模块极其类似，于是我归纳出一句木马程序：夹在两者之间，通过双方争夺自己，来增加自我价值感。

● **归纳分析**：我将这个模块详细整理如下(这个模块有时是女方外遇，男方为另一方对应角色，阅读时可自行置换性别)：

如果小时候被父母严格管控，有被严厉责难的印记(有时发生在名门或豪门的家族里)，长大后可能会形成一种感情模块：找到一个女人(通常父母反对)，然后决定逃离父母，迅速跟她恋爱或结婚。但不久后发现这女人不知不觉变成另一位管控严厉的"父母",同样把家管理得很好,会守财理财,或是一起打拼成就事业。不久后,他觉得自己"又"被掌控,所以潜意识又去找另一个看似能让他"自由"的女生,却放不下已有的金钱财富(钱是他可享受自由的资本),所以希望两边都不要失去,希望能与原配和新女友一起生活,或是希望维持外遇现状。他想要保住钱,又想要得到更多爱(爱的匮乏症),想要白玫瑰,也要红玫瑰,然而两个女人水火不容的情势,往往会逼他选边站——不是他逼原配离婚,就是原配受不了只好自己提出离婚,于是原配进入"自立自强"的模式,在电影《皇室奇遇记》里被毁婚的未婚妻的经典台词就是"命运安排我冒险"。

在他被迫(或自愿)放弃原配、钱、孩子,与新女友同居或结婚,重新打拼事业之后,如果木马印记没有得到改变,他会再次进入一样的循环:事业拼到成功,久了又想逃离,然后又外遇……或是打拼不成功就一起惨,他再继续逃——他永远都是以"逃"来躲避问题,遇到自己不知怎么面对的质问就不回应,或是以一连串的谎言躲避,不会单独且勇敢地面对问题、解决问题,也不去找自己的生命重心,每次一遇到新的对象(解救者),就再次劈腿(逃),真的有点像感情的"抓交替",又像是囚犯在狱中想逃离,于是期望另一间牢狱的新狱卒把他救出监狱,出狱后又不知道要做什么（茫然），只能再次犯罪，这样才能回到监狱，再加上越狱之罪，一次比一次关得久（即使他成功逃离到新的关系里，也极有可能会逃到管控更严的关系牢狱中，之后越来越难逃），如此才能再次获得"新"的生命奋斗目标：想办法越狱→出狱后继续创造"入狱"的理由；有时还会把自己放进两狱之间的三角关系，通过双方争夺他的爱来建立自己的存在感，或是有一方会和他成为战友来对抗另一方，以为他会因为"更爱我"而放弃另外一位——这样的男人恋爱毫无空窗期，几乎都是重叠关系，不停地换伴侣来逃避面对自己、改变自己，再加上小时候有被"管控、责骂"的印记，所以会有被抓到然后等着被骂的"负罪感上瘾症"，哪一方女生骂得越凶，他就越有"逃"的理由和动力。

- **破解方法**：直到他愿意以"面对"取代"逃避"，愿意空出更长的独处空窗期来面对自己的孤单，不再忙着找新的感情对象来填补内心空洞，潜意识不再一直做出"明知会被骂"的事来增强负罪感；直到他不必再通过"不停找伴侣"来假装填满自己，直到他可以完全愉悦自处，才算是恢复正常的第一步——我们要自问，是"哪种潜意识动机"想要找伴侣，或者想与对方在一起？隐藏在这动机底下的负向木马，最终会导致争吵分手，只要两人及早校准，回归生命主轴，就不会触发木马地雷。

案例三

2020年我遇到一个很特别的个案A，他年约三十五岁，是一名建筑师。他不知道已经换过多少位女友，也结婚、离婚多次，通常是对方怀孕了才要求他结婚负责，而且每一段感情到后来都是外遇被发现后才结束。

经过深度访谈后发现，原来他很小的时候父母就离异，且父母各自都有新的对象，所以就把他交给保姆带，有时保姆休假，就是奶奶、外婆、姑姑、阿姨等轮流带，保姆也换过好几任，所以他从小就被很多女人照顾，很晚才断奶，长大后也是"习惯性"要有两位以上的女朋友，而且他总是不经意吸吮手指来缓解压力。

- **破解方法**：同案例二，得学会独处，独立面对自己，而不是一直在感情关系之中躲避奔跑。他只有愿意以"面对"取代"逃避"，才能中止这个负向循环。

案例四

有一位男生来找我破木马,他是一位在工作上很努力,性格很温柔体贴的暖男。

他的问题是:"我对她这么好,为什么她还是跟我分手了?"

我问:"她是不是一个很强势、很有主见的女生?"

他说:"是,所以我什么事都让她做决定……我那么爱她,对她百依百顺、对她特别好,但为什么她还是跟我分手?我感到被背叛了……"

我说:"无论个性强还是弱,人的潜意识或无意识里都会存有'希望被保护'的渴求,甚至有些个性强的人,潜意识或无意识中其实觉得外在环境不安全,所以要个性强势才能保护自己。你被她强大自信的魅力吸引,她被你的温柔体贴吸引,但当她发现你没有主见,什么都是她说了算,久而久之她会觉得你没有力量,'没有安全感'的潜意识会让她担心:如果有一天她需要你保护她时,你'凡事退让'的个性会不会无力保护她?你小时候是否曾面对过什么冲突事件?"

他说:"小时候父母经常吵架,我很害怕,总是躲起来不想听到不想看到；上小学时只要班上有人打架，我都会逃得远远的，生怕波及自己。"

我说："女生是很敏感的，虽然没有什么重大冲突事件当面威胁到她的安全，但你什么都退让的个性，会让她很没安全感——并不是让你做一个凶悍的男生，而是你的内在要有力量，要有自信与主见，你可以外柔但不能失去内刚，否则会一直遇到这木马循环。"

他说："原来如此……我前几任女友都是这样，谢谢你今天让我明白，原来是我的问题。"

我说："你以对方为重心一再退让，并不是爱的表现，而是你没有自我。所以你要活出自己的力量，对方才会放心地跟你交往。记住：没有人能背叛你，你没活出自我，才是最大的背叛。"

新闻案例

2022年奥斯卡颁奖典礼上，威尔·史密斯打人事件震惊全球，当时媒体、舆论、网友们的态度分为两个阵营：

A. 打得好，主持人说话没分寸，活该。
B. 打人是不良示范，不应该这么做。

在看到一个事件发生的时候，先不要着急选边站，因为无论选择哪一边，都可能带着自己过去的信念、旧印记的投射。我们可以先深度研究来龙去脉，不在第一时间做判断。我通过人类木马程序系统来分析这起暴力事件的缘由，察觉到威尔·史密斯的原生家庭可能存在家暴的情况。后来我去看了威尔·史密斯的自传，印证了这一点，并进一步分析出多个他的原生家庭木马印记。

威尔·史密斯原生家庭负向木马模块包括：

○ 木马模块之一：以暴力保护家人

从他的传记中可以看到，他有一位会家暴母亲的父亲，甚至家暴到母亲吐血的程度。因此儿时的他觉得自己没能力保护妈妈，觉得自己很糟、很懦弱、很自卑，也形成了"害怕并自责模块"。这种觉得自己不够好、不够强大、不能保护家人的心态，促使他拼命努力，不断变强。

此外，他自小就练就了"幽默生存法"，因为他发现爸爸开心的时候就不会打人。另一方面，也造就了他的"察言观色模块"。他通过观察得出"爸爸喝了酒就要打人"的结论，于是他时时刻刻观察爸爸的状态，这种能力也让他后来成为一位非常出色的演员。

表面上看，威尔·史密斯是一位乐观、自信、开朗的明星，其实他内在有一个愤怒的自己，这种原生家庭带来的印记始终没有被抹除，可以看到他后来接演了拳王阿里的角色。

威尔·史密斯的战斗力源自他有个家暴母亲的父亲，他想变强的动力是保护母亲/家人，通过以上分析不难看出，威尔·史密斯的木马程序是"只有用暴力才能保护家人"，这个"保护家人"的木马，加上来自原生家庭未经转换的负向"以暴制暴"印记（之前他也打过记者），导致他在即将拿到大奖之刻情绪爆发，造成奥斯卡颁奖典礼上当众打人的事件，顺手也把自己打入谷底，多项广告代言、影片拍摄计划停摆或中止，他也在未来十年被禁止出席任何奥斯卡相关活动（包括颁奖典礼），这就是引爆木马地雷的威力——如果威尔·史密斯在述写传记时，能同步快筛出自己内在藏有的"以暴力保护家人"的木马地雷方程式，他就可以改写方程式，也就不必在事发之后收拾木马地雷爆炸的残局。

另外一个值得讨论的观点是：威尔·史密斯在奥斯卡典礼上打人之前——刚开始听到克里斯·洛克的调侃时——他的第一反应是跟着笑的，就像他自己后来在道歉中提到的"被拿来开玩笑，是我在这份工作中经历的常规操作"，然而当他偏头看向妻子时，通过"察言观色"发现她面露不悦，立刻就调动了自己内在的模块：家人受到了伤害,我要保护她——但这就是他的木马设定,以至于只要碰到他"认定"伤及家人的事,就会出现极其激烈的反应(暴力打人),因为埋藏在他心底的许多创伤地雷一起引爆,产生一连串爆炸反应。

○ 木马模块之二:暴起暴落模块

这部分之前在"战士木马模块之将帅型"中提到过。有的人到了巅峰时刻,潜意识或无意识层面上又会突发状况,把自己再打回低谷,这样他才有机会"越挫越勇、屡败屡战,东山再起",得到"先要有挫败,然后激起战斗欲与勇气"的激励感。从威尔·史密斯的经历可以看到,他过去白手起家,中间经历了多次从低谷到巅峰、暴起暴落的过程——这也与他的木马设定有关,他希望给大家的印象是幽默、强大的,然而真实的自己是自卑的,这种"外在的自己"和"真实的自己"落差太大,很容易引发暴起暴落。

这次他在领取最佳男主角奖时能够快速冷静下来道歉,得益于丹泽尔·华盛顿在他耳边非常智慧地提醒道:"当你在最高峰时要小心,那正是魔鬼来找你的时候。"这里的"魔鬼"指的是木马心魔。丹泽尔·华盛顿的这句话被我称为"一句话打破木马"的典范,他以一句话及时点醒了被木马心魔激怒到失控的威尔·史密斯,令他不再继续大闹现场，而是诚恳道歉："我看起来像个疯狂的父亲，但爱会让人做出疯狂的事。"

如果威尔·史密斯能早点抛弃继承自家暴父亲的负向模块，改写"以暴力保护家人"的木马设定（这木马的好处是让他积极变强，但他可以警觉地避开其负向作用力），在巅峰时刻能特别克制自己，就不会第一时间以暴制暴地冲上台打人，引来更多的以暴制暴（许多人批评攻击他的暴力），也不会让自己成为不想成为的那种人（像父亲一样），更不至于把自己好不容易搭建起来的"舞台"炸毁。他或许可以通过"非暴力，但仍可表达抗议，且智慧不伤己"的方法解决问题：他极有机会在后面上台领最佳男主角奖时，或是事后的媒体采访中，以自己过去被家暴的经验，或是妻子受脱发症之苦的经历来呼吁大家要有同理心——以爱化解暴力即是升维，能够逆转"暴起暴落、以暴制暴"的旧剧本，瞬间变成"大家一起智慧提升"的典范，成就大爱的剧本。

反观克里斯·洛克，他当然也有自己的问题。他是黑人，就读于白人学校，因此经常被霸凌、揶揄。当他反过来嘲讽别人时，锻炼出自己"幽默反讽"的口才，由此获得"反转低落的自我价值感的能力"。作为脱口秀主持人，"幽默"是他演艺事业的主轴，也是他的生存方式；但他这一次踩中威尔·史密斯的木马地雷，造成了"言语vs行为暴力的双木马对决=木马双杀"的状况:"以暴力保护家人"冲撞了"嘲讽名人"的生存技能。

只要我们熟练掌握人类木马程序,就能够洞悉并预知对方的引爆点在哪里。如果克里斯·洛克在开玩笑前先了解一下对方的木马,特别注意不以别人的创痛或疾病作为笑料,也不要在显示自己的幽默感时不顾别人感受,就会减少"引爆别人致命情绪地雷"的结果。拆解新闻人物的原生家庭木马,让我们学会如何通过别人的事件提前看到自己原生家庭木马的负向印记,进而升维转换成新的版本。

面对关系课题,你可以这样做

如果对别人的认可、喜爱、赞美上瘾,努力迎合,久而久之就会活成别人的人生。如果对别人的批评、尖酸言语感到不悦,对抗、反击或逃避,久而久之就会沉浸在负向频率中,然后忘了自己真正想活成什么样子。

我们可以看到,原生家庭对孩子的负向印记,长大后若没有自觉清除,那么与原生家庭的关系、兄弟姐妹关系、伴侣情感关系、与公婆或岳父母间的关系、亲子关系、与闺密或哥儿们的关系,以及与同事或上司、老板的关系……就会像投影或盖章似的复制再复制,直到我们醒过来，决定清理旧印记，更改设定为止。

人与人之间起冲突的原因经常是"觉得对方不尊重自己"。如果你感到对方说话态度傲慢，不尊重你，可以直接跟对方说"你这样讲话，让我感到你很不尊重我"，而不是直接反问"你讲话为什么这么不尊重我"。对方可能只是急性子，或没时间顾及礼貌，你可以理性地表达自己的感受与情绪，而不是把"你不尊重我"的标签套到对方身上，因为如果对方没有这个意图，接下来就会引发双方一连串辩论攻防的木马战。

人与人之间起冲突还有一个原因，就是"不慎踩到对方底线"。这种情况可能是彼此的信任水位完全不对等，也就是常见的双木马对应局：一方要学会"尊重别人的界限"，另一方则要学会"强化自己的自尊自信地基"。一个人如果经常觉得自己被别人瞧不起，要检查是不是自己也瞧不起自己，否则怎么会被别人的看法影响？要注意的是，很多人把"被谁瞧不起就打败谁"作为"奋发图强、争一口气、证明给对方看"的努力动机，让自己变得更好更强；但内在的木马程序是，自己也不肯定自己，才会在意别人的看法，殊不知努力的方向可能会被对方误导，而离自己的初衷或梦想越来越远。另外，当一个人觉得自己被别人瞧不起时，最麻烦的是他会以防卫之心来待人，久而久之，身边的人跑的跑、逃的逃，因为没有人想忍受冷不防莫名被刺伤。批评对方，大不了我；赞美对方，小不了我；人人都是，独一无二。只要我们自尊自信的地基够深够稳，就不再需要和别人计较、攀比，自然会省下很多讨好别人、等待别人肯定的精力、金钱，还有受挫后的疗伤时间。也会因为心胸宽阔，真心欣赏别人的优点，不吝于赞美、鼓励、分享、激励他人，大家互为贵人，即是最高维度的共好版本。

个人天赋蓝图

大部分人最早建立"自我认同与价值感"是在原生家庭中，所以许多人的限制性信念都能回溯到这个时期。关于个人天赋探索，有两部电影可以参考：《心灵奇旅》(Soul) 和《魔法满屋》(Encanto)。这两部电影的共同点是，它们都在说天赋并非别人眼中那些多么了不起的成就，而是以创造、创作来点燃我们生命中热情的火花。

以下是我整理出提问人数最多的关于寻找天赋兴趣、求学、谋生、工作选择等相关的问题。让我们一一示范破解，但这些仅供大家作为搜寻自己原生家庭木马路径的参考，而非每个人都有一模一样的原生家庭问题。

案例五（自述）

我目前的主业是会计，我有很多兴趣，比如画画、跳舞、写作、花艺、茶道……我该选哪个作为我的核心天赋？每一样我都学了一些，但大部分都半途而废，请问我该辞职专心做自己喜欢的事吗？

三个步骤破解

1. **揪错**：用红色笔圈出或写出负向关键词。
2. **归纳出一句方程式**：自己喜欢的事都会中途被打断。
3. **查访**：询问原生家庭中是否有人（爸爸、妈妈或养育她的人）不断告诉她"应该先做什么，之后才能做自己喜欢的事"，例如先做完作业才能去玩。

- **询问的结果**：她说："是的，我记得小时候有一次，我正在玩积木，突然被妈妈打断，要我马上去做作业。"
- **归纳分析**：这等于妈妈帮她内建了"你得听我的，否则就会被我剥夺玩的权利"的反应模块，长大后若不移除这个负向印记，她容易产生不自信、茫然、无法自己做主、无法正常表达自己等问题，要重建是比较困难的，因为下面这个已深植于她大脑的方程式持续在运作：

总要先选"别人"觉得该做的事。

或是先去做自己不喜欢的事。

然后才能选自己喜欢的事。

但又不知道怎么选。

因为没有一件自己喜欢的事能做完。

中途总是被粗暴地打断。

所以她长大后会先选择符合父母期望的学校和专业，选工作时会下意识地选家人认为"有钱途"的工作，自动忽略自己的喜好。但她内心又想要做自己喜欢的事，利用剩余的琐碎时间学这学那，因为"中途被打断"模块还在起作用，虽然现在身边没人再打断她了，但她已经成为打断自己做喜欢的事的那个人(有时也会投射到公司主管、同事、丈夫、孩子等)，很多事都半途而废，就这样耗费青春，耗尽热情，持续十几年甚至二十年。比较好的情况是"最后还是做了自己喜欢做的事"，比较糟的状况是"已经不知道自己喜欢什么了，提不起劲，生无可恋"。

这种半途而废模块很容易让人一事无成，就像煮一锅水，每次快到沸点时就熄火，或是瞄准了靶心、箭在弦上，却又把箭移去瞄准另一个靶心，人生就这样将许多时间浪费在矛盾和犹豫中，次数多了自己也会觉得挫败，这就是把原生家庭的受挫经验拿来复制成自己半途而废的受挫命运。

这种"自己喜欢的事都会被中断"的木马模块，有时还会造成不停更换学习主题、不停换学校（休学、退学，再去找新的学校）、不停换工作……成为"中断→再换"的惯犯。

- **破解方法**：先想清楚，列出自己真心想做哪些事，然后静下来问自己：如果明天就不在地球上了，没做哪件事会感到很遗憾（即以"不遗憾列表"取代"梦想列表"），然后把这件事列为优先，每天尽可能以最多时间来专心完成，在这件事没彻底做完之前，先不要做其他的事；一旦决定的事，无论如何一定要坚持完成，绝对不可半途而废，否则每件事都做一半，最后一事无成。

此外，从今天起只承诺你做得到的，一旦承诺或者跟人家约定好了某件事，之后就尽量不要轻易更改、反悔、找借口拖延或取消，你改约、爽约的次数越多，就越表示你在不停地推翻自己、消耗自己，所以请修正"善变"的习惯，改约、爽约的次数越少，能量就越稳定。

举例来说，如果没画出心中想要创作的绘本是人生最大的遗憾，就把这件事排在第一位，尽可能找空档或零碎的时间逐页完成，不需要辞职，否则又掉进半途而废模块，且生存焦虑木马还没清除，辞职后会更心慌。如果中途又出现想做别的事的念头，可以把它们写在"完成绘本之后"的待办清单中——必须坚持把最重要的事做完，千万不要再打断自己，如此才有机会改变"自己喜欢的事都会被中断"的模块。

面对天赋蓝图课题，你可以这样做

我们要彻底清除或转换原生家庭刻在我们身上的负向印记——因害怕造成的限制性信念。只要化恐惧为穿越洞见的勇气，让自己恢复清明的原厂设定，自己与天赋之间的迷雾、屏障，以及未来的人生地雷就会消失。

只要我们觉察并抛弃这种惯性，换成"专心致志、坚持到完成"的新模块，就能让自己的天赋之光从原石中毫无阻碍地迸发出来，几百米之外的人都能看见，机会与资源也会自动聚拢过来，如此才能真正改变自己的命运，"心诚事享"[1]就是这个原理。

---

1 心诚事享指的是：心若坦诚无碍，事情会自动安排并完成，我们只要享受这股自然之流即可。若达到这个层次，完全不需要做计划，也不需要设定任何带有具体数字的目标，亦不需和别人竞争比较；只需完全沉浸其中享受过程，梦想最终会自然实现（因为带有信任的能量），而且通常比自己处心积虑的计划与刻意的努力结果更好（因为后者带有焦虑与不信任的能量）。

金钱与财务

计较、掠夺、索求，是贫穷的开始。一个人的自信，会决定自己金库的容量——如果一个人很有才华，也懂得把"才"变现或转换成有形资产，但感到自己"不配得"，潜意识或无意识就会以很离奇的方式把应得的钱挡掉、推掉，即使收到了，这些钱也会莫名地突然被花掉、被骗走、被借不还，甚至生意失败、投资失利等。也有人想通过"炫富"赢得别人的羡慕或崇拜，钱外不外露不是问题，问题在于"想外露"的负向动机是让人花更多钱、破财的地雷。正所谓"先骗了自己，别人就能用你最在乎的人事物来骗你"。

此外，如果自我认同或情感关系出现木马破洞，那也会变成金钱破口。比如说，对自己没信心的人，就会不由自主地买各种保养品、化妆品、名牌包、衣鞋首饰；焦虑自己或家人不健康，或是害怕自己或家人失去生命的人，就会花很多钱在保健品或保险上。所以我们要优先找出自己的"金钱木马"破口，修补好之后，人生就不会一直浪费在"赚钱、漏财、再赚钱、再漏财"的恶性循环中，浪费那些原本可以完成个人代表作、创立个人品牌或是实现梦想的时间与资金。

18个问题搜索出金钱木马程序

人生，不过就是选择题：钱vs命、钱vs家人、钱vs爱，哪个更重要？我列出搜索金钱木马"钱（潜）"意识的18个问题，大家可以自己先试着回答：

1. 记忆中爸爸妈妈和钱的故事，哪件让你印象最深刻？他们灌输给你的金钱观是什么？

2. 请回想并整理，家人对你的金钱观造成了哪些正向和负向影响？

3. 你还记得爷爷奶奶、外公外婆或其他亲戚和钱的故事中，让你印象深刻的事吗？

4. 谈到钱，你第一个联想到的是什么？

5. 如果你突然有了很多钱，比如数十亿元或数百亿元，你觉得可能产生的问题是什么？你最害怕发生什么不好的事？

6. 如果你突然有了很多钱，却又发生一件紧急的事，让这些钱瞬间消失，你觉得可能是什么事？

7. 如果突然没钱，你最害怕出现怎样的情况？

8. 如果突然负债，你最害怕什么？你觉得可能发生了什么事才导致这种情况？

9. 如果没有钱，你会向谁求助或借款？

10. 如果没有钱，甚至负债，你觉得自己会是一个怎样的人?

11. 你最大、最奢华的梦想是什么?

12. 你打算怎么完成这个梦想?预估要花多少钱?如果这个梦想能顺利完成,你觉得可能是通过什么方式?如果没完成,可能是什么原因?

13. 如果突然变成超级富豪,你觉得自己会是个怎样的人?

14. 如果突然变成超级富豪,你最想让谁,或是哪些人知道这件事?

15. 如果有花不完的钱,你想用钱来做什么或是买什么?你最常买的东西、你家最常囤积的东西是什么?你最常被哪三种东西的广告吸引?

16. 如果突然从超级富豪变回原样,你的感觉是什么?你觉得这时候的自己变成了怎样的人?

17. 如果突然从超级富豪变成"负"豪,你觉得自己是个怎样的人?你觉得别人会认为你是个怎样的人?

18. 如果突然从超级富豪变成"负"豪,你会想尽快回到非常有钱的状态吗?

其中第1~3题,可以直接从原生家庭搜索出金钱木马印记,第4~18题则可以深度搜索出已烙印在潜意识、无意识中的金钱财务木马程序。

问题解析

答完上述18个问题之后,我逐题分析如下。

1. 记忆中爸爸妈妈和钱的故事,哪件让你印象最深刻?他们灌输给你的金钱观是什么?

我曾帮一个朋友做咨询,她说她和丈夫都有很严重的债务问题。

我第一句话就问:"你父母的财务状况如何?"

她回答:"父亲帮人担保,但那个人跑了,所以瞬间负债;母亲借钱给亲戚,对方始终没还,所以我在父亲离世之后就抛弃了债务。"

我说:"你的确抛弃了父母的债务,但根本没抛弃他们的金钱负向印记与频率。"

后来我花十分钟帮她写出"被父母影响的木马程序",然后教她如何一步精准破解这个方程式。我非常希望大家都学会这套"一键快速查杀木马"的技能,用来帮自己、家人、朋友,甚至变成副业都很棒。如果假日在家无聊,也可约家人、朋友一起玩木马程序桌游、人类木马程序AI互动系统,这样全家就可以彼此清除木马,而不是彼此强化木马!

我还有个学生,她的问题是:父亲赌博欠了很多债,母亲做家庭手工辛苦养大孩子。这对她的影响是:她不会先问自己喜欢做什么,而是想办法找赚钱最多的工作,或是去找一份稳定的工作以确保固定收入无虞。于是她的潜意识就设了障碍,挡住了"她喜欢的事也能带来财富"的可能,加上她对父亲赌博的痛恨,这样的不安全感让她严格管控丈夫的财务,不允许丈夫有花钱的自由,导致夫妻经常为了钱吵架。而她的现状是:母亲向她借钱投资失败……所以只要她还有金钱木马破口,无论再怎么防范,钱还是会以她意想不到的方式或从她无法拒绝的人事物漏出去。

关于赌博性格,最有名的例子就是韩剧《鱿鱼游戏》,里面有几个好赌成性的角色,潜意识都觉得自己已经是输家,但又希望总有一天能翻身,相信下次一定会转运翻盘、大赢特赢,结果害得自己和家人无家可归、一无所有,除了自觉"该死"的人生。我之前帮学生们做原生家庭木马咨询时发现,如果父亲赌博,孩子要么极端省钱以免重蹈父亲覆辙,要么完全继承这个"钱来得快,去得快;钱去得快,也可能来得快"的印记,于是很多孩子会"继承"负债,例如赌博、乱花钱、乱借钱,或是随意进行高风险的投资。

所以请检查一下，记忆中爸爸妈妈和钱的故事，哪件让你印象最深刻？他们灌输给你的金钱观是什么？然后对比你目前的财务状况，看看他们带给你哪些正向和负向的影响？

请尽早清理源于原生家庭的不当金钱木马，把坑洞补好，有债速清，如此才不会让自己一直在"赚钱、漏光、再赚钱"的负向循环中疲于奔命。

2. 请回想并整理，家人对你的金钱观造成了哪些正向和负向影响？

这题的解法比照上一题，只是把研究对象放大到包括父母在内的同住家人，比如兄弟姐妹，然后再对比你目前的财务状况，看看他们带给你哪些正向和负向的影响，一下子就能找到对应的线索。

举例：经常被爸妈批评不如隔壁家的孩子→失败模块 (因)

逼自己选择赚快钱的工作，而非喜欢的工作 (果1: 反映在"自我""工作"上)。

选择大家觉得成功的伴侣，而非自己喜欢的伴侣 (果2: 反映在"感情"上)。

和上司、同事、伴侣都处不好 (果3: 符合最早建立的"失败模块")。

亚健康：焦虑、胃痛、经期紊乱、失眠 (果4: 反映在"健康"上)

3. 你还记得爷爷奶奶、外公外婆或其他亲戚和钱的故事中,让你印象深刻的事吗?

这题的解法比照第1题,只是把研究对象放大到整个家族,找到溯及三代的金钱木马印记,然后对比你目前的财务状况,看看他们带给你哪些正向和负向的影响。这样一下子就能找到对应的线索。

《电影之神》(It's a Flickering Life)这部日本电影,讲的是一位从小中了"失败模块"木马程序的年轻电影导演,他的剧本幸运获得投资,他却因为自信不足自己中止了拍摄计划,意志消沉,四处借钱赌博,妻子孩子都在忙着帮他还债,他甚至还向孙子借钱。后来孙子找到当初半途而废的剧本,协助他修改并拿去参加剧本大赛,得到大奖后他才重拾信心;但聪明的孙子在领奖回执单上故意不填爷爷的账户,因为爷爷好赌成性早已"木马成破舟",所以奖金就汇给家人代为还债与保管。有时,聪明有觉知的晚辈会将家族的负向金钱木马印记视为"反面教材"来避免重蹈覆辙,但要特别注意别让"害怕金钱突然不见"的恐惧印记限制住自己。要重新建立对金钱的信任频率:不用担心钱,做对的事,钱会自动过来,做错的事,钱会自动离开。

4. 谈到钱,你第一个联想到的是什么?

这一题是让你审视一下，你把钱看作"什么"。如果这个"什么"是负向词，你要把这个句型倒装回来看，例如有人说，谈到钱，第一个联想到的是"麻烦"，所以他的金钱方程式是"钱＝麻烦"，那么他就要倒着写出"我怕麻烦→我的潜意识或无意识不会让自己太有钱，免得给自己找麻烦"的方程式，这样就能一下子查找出阻碍自己财富流的挡水板。

但如果有人写的"什么"是正向词，该怎么解释呢？举例来说，如果有人写的是"万能"，认为有钱就可以"无所不能"，就要请他回答相反的问题："钱不能做什么？"比如钱不能买到感情、健康、生命、时间，不能让人起死回生……请尽可能地写，因为这些将来可能会是他的金钱破口。

我有一位学生是企业家，他当时写的答案就是"钱＝万能"。我直接问他："你在什么东西上花钱最多？"他回答："保健品和医药费。"我说："这就是你的金钱破口。"他追问道："难道不能买保健品或付医药费吗？"我回答："不是的，我的意思是，如果你的潜意识或无意识认为'赚钱'是为了有足够的钱为自己或家人买名贵的保健品、找名医挂特需号或是住VIP病房……你是不是在潜意识或无意识层面，已经聚焦在'生病'而轻忽了健康？因为你没想过'不生病、很健康'的可能性,更别说用心维持健康的饮食与生活习惯。"

所以谈到"钱",你第一个联想到的是什么?看看自己的答案,先确定是正向词还是负向词,再照我刚才的示范,破解自己的金钱木马。

5. 如果你突然有了很多钱,比如数十或数百亿,你觉得可能产生的问题是什么?你最害怕发生什么不好的事?

有同学回答"怕被家人或亲戚朋友借钱",这个答案的木马是:他为何不敢拒绝别人借钱?如果不借会怎样?他怕什么?是怕失去这个亲友,还是怕别人觉得他小气?这两句话里都有"怕"这个字,这就是核心木马,正因为这个木马,只要身边的人发现了他的这个弱点,就会借钱不还;如果他因为怕失去某位亲友而借钱给对方,等他被借到没钱可以再借时,也一样会失去这位亲友,不仅如此,他还失去了金钱;如果他怕别人说他小气,那么"爱面子"就是他漏财的原因,他会因为"不想在别人面前丢面子",而出现各种乱花钱、乱投资的漏财状况。

还有一位同学回答:"万一有这么多钱,怕被绑架。"这个答案表示他认为"太有钱=很危险",这就是他的潜意识或无意识害怕、排斥或抗拒金钱能量的原因。他自己不会察觉到，甚至表面上还非常努力赚钱、存钱，但他会莫名其妙"被漏财"，以达到"钱不要太多，否则危险"的安全水位。

看完上述案例后，也请你从自己写的答案中，找到让你漏财的金钱木马。

6. 如果你突然有了很多钱，却又发生一件紧急的事，让这些钱瞬间消失，你觉得可能是什么事？

我有一位朋友是肠胃科医生，他觉得如果突然发生一件紧急的事，导致他瞬间把钱用光，可能是家人突然生病，需要一大笔医药费。我追问他原生家庭的情况，他的爸爸也是医生，很富有，却因为亲戚向爸爸借了一大笔钱没还，所以一夕变贫穷，于是这位医生朋友就被植入了"钱会突然被亲友借光"的印记；再加上他也是医生，平常在医院看多了各种疾病案例，就有了"钱最后会花在家人亲友医药费上"的木马印记，这导致他在潜意识或无意识层面总想多加班赚钱，为未来筹备更多的医药费，殊不知他的焦虑、过劳、加班，才是未来身体可能出状况的"因"，最后他还得花大笔医药费来治自己的病。

你针对这个问题写的答案，就是你对未来的焦虑，这焦虑是让你漏财或健康出问题的潜在因素，及早调整，就能为未来省下一大笔医疗费用与时间。

7. 如果突然没钱，你最害怕出现怎样的情况？

这个问题是在寻找潜在的金钱负向频率。举例来说，若你的答案是"如果突然没钱，最害怕别人看不起我"，就表示你有自我价值感不足、很在乎别人眼光、需要别人肯定的木马程序。

如果答案是"怕身边亲友离开我"，表示你有害怕孤独的木马，可以预知将来的金钱破口很可能是"无法拒绝亲友借钱或投资的邀约"。

假如答案是"怕将来自己没钱吃住"，表示你有强大的生存焦虑木马，这木马看起来很正向，会逼你努力赚钱，但也可能让你焦虑、过劳、影响你的健康，将来赚的钱还是会去补你的生存焦虑破口，比如保健品或医药费。

以此类推，你从答案中看到自己的负向金钱频率了吗？

8. 如果突然负债，你最害怕什么？你觉得可能发生了什么事才导致这种情况？

这是第7题的加强版，可以挖到比第6、第7题藏得更深的负向金钱木马：对钱有不安全感的恐惧。这时候就要问自己，到底是源于"对自己不自信""害怕别人眼光",还是"怕活不下去的生存焦虑"?

9. 如果没有钱,你会向谁求助或借款?

这题是检查你"对谁产生依赖",你要反省自己的潜意识或无意识是否总是制造金钱问题,只为维系你与对方的关系?或是索求爱?或是报复对方?

我在2020年经手过一个特别的案例,这个女生因为从小父母比较疼弟弟,所以经常生病,让父母在她身上花钱、花时间,每次生病她都会有"终于让父母重新关爱我"的满足感。长大后,她的这个木马还是在继续,依然制造各种生病的理由要求父母给她钱,等于内建了一个"自毁健康,用来勒索父母之爱"的木马程序。

请从答案中找到你是否还依赖着什么人?或是身边有谁经常向你求助、借钱?对方是否与你仍有剪不断理还乱、量子纠缠式的情感与金钱的关系?

10. 如果没有钱,甚至负债,你觉得自己会是一个怎样的人?

这题是在检查你是否用"钱"来定义自己。正常情况下,无论你有没有钱,都不会影响你对自己的看法,这才是"真自信"。

11. 你最大、最奢华的梦想是什么?

12. 你打算怎么完成这个梦想?预估要花多少钱?如果这个梦想能顺利完成,你觉得可能是通过什么方式?如果没完成,可能是什么原因?

这两题是要找出你的金钱天花板(挡水板),比如如果你的答案是住豪宅、环游世界,就有可能不小心被别人的梦想污染,甚至活在别人的眼光中,忘了自己真正喜欢什么,浪费大部分的生命时间,来成就别人眼中完美、优秀的自己。

我有个学生曾经有"环游世界,住豪宅"的奢华大梦,她的理由是爱好自由、喜欢美的事物。我问她:"如果有一天你真的住进豪宅,并开始环游世界,你会不会把照片发朋友圈?"她回答:"会。"我又问:"如果不发会怎样?"她说:"那我就不能跟我那位嫁给富豪的闺密炫耀了。"她的人生都活在与闺密竞争的跑道中,忘了自己有独特的生命之路。

此外,"如果这梦想能顺利完成,你觉得可能是通过什么方式?"通过这个问题可以直接预测你选择的圆梦途径与机会是否藏有木马风险。电影《古驰家族》中古驰夫人的答案会是"嫁个有钱的丈夫",维珍航空创办人理察·布兰森的答案会是"创业",前者的风险在于丈夫的状态，后者的风险在于经济局势与共同参与的伙伴。所以我们可以通过"全观"各个圆梦路径并"预见"藏在底下的木马，来让自己做有智慧的选择。

也就是说，如果身边有人刻意向你夸口炫耀什么，其实他/她内在非常需要别人称羡的目光，只要我们洞悉对方内在的空虚来自哪种木马，并同时觉察自己是否会被牵动出什么情绪，不要被不属于自己的欲望拉到别人的跑道上，看到自己拥有的，再聚焦回自己就行了。

还有一种"梦想抓马"的问法：如果梦想最终没完成，你觉得可能是什么原因？我在这里举两个实例。

实例一：

有个学生跟我说："我想去环游世界，但我怕万一太早完成，人生就没有目标了。"

我对他说："是你的'害怕'挡住了你的梦想之路，但更深的木马其实是，你没有自己'真正'的目标，只是看到大家的梦想多半是'环游世界'，所以借来作为自己的梦想，因为如果自己内在燃烧出热情，真心想完成一件事，是连害怕能存在的缝隙都没有的。因此你要检查一下，小时候是哪些人一直在帮你设置目标，导致你总是忙着完成他们层出不穷的目标，根本没时间探索自己喜欢什么，想完成什么。如果你忙到没时间享受人生，就要看看自己是否在拼命忙着完成别人灌输给你的梦想与目标。

"不要把人生浪费在活给别人看。从现在起，你要移除他们放进你脑袋里的梦想和目标，也不要看别人许什么愿，完成什么梦想，就照单 (梦想清单) 全收。你可以每天把自己看成刚出现在地球的新生命，以全新的眼光与感官先观察一下这个'崭新'的世界，然后探索自己对什么有兴趣，就当它是一个好玩的游戏'沉浸'其中，而不是把它变成'设定目标'去完成的任务，这样才可能跳出'设定目标→完成目标→害怕自己一旦完成了，又没接到下一个任务，人生就顿失目标→尾随在别人觉得好的目标之后 keep walking'的无限循环。"

实例二：

我对两位好友说："等全球疫情结束，我要用一年的时间环游世界，我会假设这是我在地球生活的最后一年，设计出我最想体验、最想去的旅游行程。"他们听了之后有两种截然不同的反应：一个朋友说"我也想环球旅行，但不知道我的身体允不允许"，另一位则说"我也想去，但我得开始存钱，我花太多钱乱买东西了"。很明显，看到这两位分别以"身体不好""没钱"作为梦想成真的木马障碍——即使你真心想实现某个愿望，就算全宇宙都来帮你，但如果你搬出各种借口，没有任何作为，那就是自己的选择了。

13. 如果突然变成超级富豪，你觉得自己会是个怎样的人？

这题是让你检查是否用钱来定义自己，导致因焦虑而忙着赚快钱，忘了发挥自己的天赋，做自己喜欢的事。赚快钱往往就是掉进坑的诱因，无论是想参与快速而高收益的投资，还是赌博，或是一直花大钱买彩票，等等。

有人的答案是："当我变成超级富豪，我就会是一个非常成功、优秀、聪明的人。"但一定要等到变成超级富豪，才是一个非常成功、优秀、聪明的人吗？你现在觉得自己不成功、不优秀、不聪明，这就是"不自信或自我价值感不足"的木马程序早已存在于你心中的证明——如果你真能找到自己为之产生热情的事物，不管赚不赚钱都会乐此不疲，很享受地去做，不会以钱作为成败或做与不做的评判依据。

14. 如果突然变成超级富豪，你最想让谁，或是哪些人知道这件事？

这题是用来检查"你活在谁的眼光之中"。比如有人的答案是"我要让父母亲友都知道，因为我想光宗耀祖，光耀门楣"，但如果你住的豪宅区里有人比你更有钱，难道就表示你是失败者吗？

其实从小时候的家庭教育、学校教育开始，我们就在学习"适者生存，劣者淘汰，弱肉强食，互相残杀"的竞争意识。这竞争游戏设定的前提是"资源是有限的，人越少，每人分到的就越多"，所以游戏参与者充满心机，各怀鬼胎，忙着算计别人能给我们什么，对我们有什么好处，或是自己可以抢先夺取到什么。从争夺现实世界的土地，到争抢元宇宙的虚拟土地，甚至月球、火星、太空……中了"争之木马"的人，"争赢"就是他们的生存动力与目标，殊不知用掉的是本可拿来享受生活、享受爱的有限生命时间。

资源不患寡而患不均，若大家都害怕自己没有，那么某些人囤积过多的部分，就成了另一些人得不到资源的原因。要保持警惕，不让自己落入"竞争、比较"的集体木马程序，因为"好胜心"会不停向未来投射出更多的竞技场与敌人，就看我们何时离开竞赛跑道或生存竞技场。跟别人比，有赢有输；跟自己比，没完没了；不比，内心平静、天下太平。宇宙里没有输赢成败，把时间用在活出自己而非别人眼中的生命，就会发现人生还有另一种可能，就是大家可以共创共赢，形成"巨引源（巨大的引力源头）"，因为资源可以通过有爱的合作而生生不息。

15. 如果有花不完的钱，你想用钱来做什么或是买什么？你最常买的东西、你家最经常囤积的东西是什么？你最常被哪三种东西的广告吸引？

我们可以通过审视与回答这道题，找出自己金钱木马的缺口/破口。很多人的答案是：如果有花不完的钱（比如中彩票头奖），会想买名表、名牌衣服鞋子、名牌包、豪宅、名车、跑车或是享受奢华旅行……想一想，我们的潜意识是否被这几类广告或文章吸引？你想买的东西真的是为了自己，还是为了炫耀、炫富？如果是后者，那就是已经中了木马程序。有人克制不住一直买奢侈品来炫富，甚至刷卡或申请贷款来买，却只是为了掩盖内心的自卑，或是觉得自己不够好，这就是爱面子的表现。只要有人想借钱，就很难拒绝，否则会丢面子；为了让更多人看到豪宅豪车，就经常想在自家办流水席或派对，这都是钱的破口。这样的内心是孤独空虚的，需要朋友，需要别人艳羡的眼光让自己感觉良好，这已经不是在用自己的心决定自己的人生，而是从"别人眼中的我应该怎样"的角度来"秀"生活。然而，越想对别人"秀"什么，其实自己就最"缺"什么，这假面在近几年已经让许多人或企业破产、泡沫化了。造梦不是活在自欺欺人的谎言里，随心做自己也不是盲从无脑的欲望，如果有金钱木马黑洞，越急着浮夸地扩张梦想，黑洞就被撑得越大；越焦急地乱找资金流，破洞就会被冲得更大——虚假梦想破灭的代价不小，会让人付出大量的金钱与生命时间，只有看得到木马的火眼金睛，才能一眼看透到底谁在虚张声势。

频率投影源是什么，投射出去就是什么。建议大家一定要在第一时间优先清除原生家庭的负向印记，不然名越大，利越多，被掏空地基的楼就越歪，从旁观看非常明显。为了不再给自己的未来挖坑，请不要先吹牛皮，最后吹破牛皮造成生命和时间的浪费，而是要先改变"想成为更好的自己"——也就是潜意识里"觉得自己不够好"——的频率，因为只要觉得自己不够好，无论你做什么、买什么，都不会改变这个频率。我们看到许多已经很优秀、很美、很帅的名人，他们对自己永远都不满意，因为不可能有觉得自己完美、对自己满意的那一天，这就像是把GPS导航目的地设在北方，但人一直向南走。

我把木马教练班上的同学在家里囤积最多的物品类别统计如下，并大致总结出可能中的木马程序大数据供大家参考。所谓"囤积很多"的意思是指没有必要的消费：你一个人有五十多顶帽子，但只有一颗头；你有数百条项链首饰，但只有一个脖子；你有五大柜以上的衣服，但只有一个身体；你有超过一百双鞋，但只有一双脚；你有数十枚戒指、上百只表，但只有一双手；你有好几柜的化妆品、保养品，但只有一张脸；你有三四只手机，但最多也只能带一两只出门……我指的是无法抗拒买这类物品的瘾，那就是最没有安全感、最需要别人肯定的地方，但这种内心自信破洞是怎么填都填不满的，会给你造成很大的金钱负担，或是让你浪费太多时间在无谓的事情上。一个真正心灵富裕、有底气的人，不在乎有几件衣服，你会看到舞台上有几位非常聪明的名人，就只有那么三四件衣服在换而已，因为他们一点都不想花时间在"买衣服、穿衣服、炫耀衣服，只为得到别人几分钟的赞美，然后囤积衣服再丢掉"这种无聊的事情上。

以下这几类物品，如果你也有囤积的请打勾，看一下你是否也有这样的木马程序：

化妆品、保养品、衣服、饰品
书、网络课程、学历证照
帽子
名表

玩偶、玩具、电玩、手游
手机
鞋子
保健品、营养品、保险商品
名牌包
房子或土地

如果你勾选好了，可以参考以下内容，看看自己中了哪几类木马？

- **过多的化妆品、保养品、衣服、饰品**：觉得自己不够好、不够美，想通过外在的美填补内心觉得自己不美的空虚，以为自己变美、变性感了才会有人爱。非常在意别人的看法，很容易被别人的意见或评价影响。

- **过多未看的书/未上的网络课程/报考各种学历证照**：内心不够自信，觉得自己还不够优秀，怕自己落后，有"想成为更好的自己"的焦虑，所以拼命买书、买课程，报考各种学历或证照，却不一定有时间完成。中了这种木马的人，以为买了书、报了课程、报考或取得学历证照，就拥有了"更丰富的知识、更多智慧"，其实只是给自己虚假的安心，如果后来没把书看完、没把课上完、没取得学历或证照，反而会更焦虑。统计一下自己买哪一类的书、报哪一类的课程、学历、证照最多，那可能就是自己主要的焦虑来源。例如：

成功学：认为自己现在不成功，害怕自己未来不成功，这种恐惧其实就是经常导致失败的原因。

理财、金钱：若不解除自己"缺钱"的焦虑木马，钱怎么进来就会怎么出去，就算赚得再多，焦虑也不见得会解除，有的人甚至越想赚钱债务反而越多。

- **过多的帽子**：若是想买来遮自己，可能是怕被别人看到自己不够好的一面，或是不想被认出，不想被打扰；若是买华丽夸张的帽子，可能是怕被忽视、忽略，怕别人看不到自己，想让自己高人一等。如果有"怕被忽视"的木马，可以回溯原生家庭是否有以下情形：小时候哭闹，父母置之不理，因此哭得更大声，直到有人来关心自己。长大之后若这模式不改，当自己又感觉被忽略、忽视时，就会通过暴怒、指责来逼对方关注自己、聆听自己，但身边的人已经不再是哭闹必应的爸爸、妈妈，闹久了，身边伴侣、朋友相继离开，他会感到被抛弃、孤独无依，这时只要身边有谁关注他，他就会像是个高龄大宝宝抓到新爸妈那样，马上开始新的依恋关系，然后再次进入这种恶性循环。

- **过多的名表**：想买来彰显自己的独特品位与成就，潜意识可能有"想被关注，自我存在感不足，所以需要靠外在事物来证明自己"的木马。
- **过多的玩偶、玩具、电玩、手游：**

给自己：不想长大，想继续可爱、讨喜，或是想逃避现实，不愿面对真实的现状。

给孩子：觉得自己没法专心陪孩子，或是觉得自己对孩子还不够好，对此有愧疚感，因而出现补偿心理。

- **过多的手机**：现有的手机还没坏，但一有新款手机上市就想追着买。这种人可能有的木马是"怕落后，怕跟不上潮流，或是内心孤独，潜意识渴望与人沟通，不喜欢独处"。其实根本没有"寂寞"这种东西，只有不知道怎么跟自己相处而已。要尽量学会独处自立，让自信地基恢复稳定。
- **过多的鞋子**：想给别人一种特殊的印象，比如——

球鞋：想让别人看到自己很有运动感、行动力和力量。如果迷恋于购买某款名人联名的球鞋，可以检查一下自己想从这位名人身上"得到什么"，例如时尚感、优越感、权力感。

高跟鞋：想让别人看到自己优雅、性感、有魅力。

靴子：想要保护自己，或是给自己权威感。

- **过多的保健品、营养品、保险商品**：对自己、家人的健康与生命安全有高度焦虑，而这些焦虑的频率，才是造成生病或意外的原因。
- **过多的名牌包**：想对外炫耀自己是幸福的。我看过几个"贵妇型"的案例，她们对自己有钱却忙于工作、很少在家的丈夫很不放心，没有安全感，于是无止尽地疯狂购买名牌包，潜意识想把丈夫的钱尽量花在自己身上，这样他就不会胡来；另外，潜意识里也用花钱来报复先生不在家陪她。如果没有钱会让我们没有安全感，就先找出自己有什么才能可以变现；如果伴侣不在身边会让我们没有安全感，就先让自己专心独处来恢复本自具足。
- **一直买房子或土地**：没有安全感，怕突然失去，或是有无处可归的生存危机，对金钱与情感都是如此。

只要还活在别人的眼光里，自己就没有完整空间。大家可以找时间好好打扫，边清理边省思自己中了哪些木马，顺便把别人的眼光也一起打扫出你的大脑，不要再被困进他人眼光的牢笼中，继续付出宝贵的时间与金钱代价，最后赔光了自己，又造成家庭关系紧张。多出来不用的东西可以考虑当二手商品卖掉，或是捐给需要的人或家庭。清理完家里的空间后，就提醒自己不要再犯旧木马程序的瘾，可为未来省钱、省空间，也省下清理的时间。

除此之外，找个空档假期，把过去一年买了但还没看的书、还没上的网络课程，收藏了但还没看的文章、电影、电视剧，以及待完成的事慢慢消化掉。只有对负向木马断舍离，跳出欲望的无底洞，内心才不会焦虑!

16. 如果突然从超级富豪变回原样，你的感觉是什么？你觉得这时候的自己变成了怎样的人？

17. 如果突然从超级富豪变成"负"豪，你觉得自己是个怎样的人？你觉得别人会认为你是个怎样的人？

18. 如果突然从超级富豪变成"负"豪，你会想尽快回到非常有钱的状态吗？

以上三题，如果你的答案是"从感觉好到感觉不好"，表示你已经有了金钱木马建立起来的虚幻目标，就算达成了，也会有相应破口把你打回原形，甚至让你负债。就像许多突然大起大落的企业家，或是中了彩票头奖后很快把钱花完，过得居然比以前更糟的人，一定要让自己尽快清除金钱木马程序。但如果你对上述问题的答案是"没差别"，就表示你目前没有比较严重的金钱木马程序。

这里想特别提到"暴起暴落"模块：突然变得有钱，甚至超级富有，之后又突然负债——投资失败，或是被人借钱不还，或是被骗，或是突然有一笔很大的开销。简单说，就是这个人有金钱木马破洞，所以钱来得快，从金钱木马破洞漏出去也快。这种情况经常发生在有才华或有能力赚钱的人身上，因为他们潜意识或无意识觉得有钱会让人不努力，所以当他们有了很多钱，就会来一个突发事件让自己一无所有，甚至负债，这样他才有机会享受"东山再起"的激励感，或是"我有能力偿还多少亿债务"的成就感。这样的设定会让自己一直处在"赚钱→没钱→负债→更努力赚钱来还钱"的恶性循环中。所以请检查一下自己是否有"越挫越勇，屡败屡战，先要有挫败，才能激起战斗欲与勇气"的木马设定。

我之前成功帮好几位有财务问题的学生找到他们"被原生家庭植入的金钱木马"，并教会他们如何在一念之间清除木马设定，后来他们都在短时间内还清高额的债务。最厉害的是一位从事服装业的金同学，她在上完课，找到自己的金钱木马后，短短两个月就把千万债务都还清了。因此，唯有清除掉金钱木马，才有可能尽早达到财务自由，否则匮乏频率很容易让我们落入别人的圈套或是金钱游戏的控制。所以，如果有债务、欠款，一定要以最快速度解决掉，这样才能早日填补金钱木马破洞；但如果是房贷，只要你赚的钱可轻松支付，就不在此限。再次提醒大家：如果发现自己还有金钱木马，请尽量不要向别人借钱或是借钱给别人，但如果别人的家庭有急难需要钱，可以量力捐助。

面对金钱与财务课题，你可以这样做

如果你发现自己有错误的金钱方程式或金钱误区造成的金钱木马破口如下：

钱＝自信、自尊

钱＝成就

钱＝爱

钱＝安全感

钱＝梦想成真

请改写出反例：

钱≠自信、自尊。举例：＿＿＿＿＿＿＿＿＿＿＿＿＿＿＿＿＿＿＿＿＿＿＿＿＿＿

钱≠成就。举例：＿＿＿＿＿＿＿＿＿＿＿＿＿＿＿＿＿＿＿＿＿＿＿＿＿＿＿＿

钱≠爱。举例：_____
_____

钱≠安全感。举例：_____
_____

钱≠梦想成真。举例：_____
_____

请写完再看我的范例，你就知道若有错误的金钱方程式、金钱误区，会造成哪些金钱木马破口。

- **钱≠自信、自尊**：有的富豪很有钱，但取之无道，怕别人看不起他，于是开始疯狂花钱炫富，让周围的人崇拜，等到没钱了，他才会知道别人过去的崇拜是对钱而非他本人。还有另一个经典例子是《鱿鱼游戏》里以第一名考进首尔大学的天才曹尚佑，他从小就让独自养大他的妈妈引以为傲，但他背负着"要非常棒且不能输""报喜不报忧""不敢说实话"的压力，这反而就是他的金钱木马破口。"不敢说实话"的木马破解方法，就是反思一下，自己怕对谁说出什么事？最怕会让谁生气？到底怕失去什么？ 而那个怕失去的部分，就是自己的匮乏频率造成的隐形金钱破口，要想办法回填防漏。

- **钱≠成就**：有些人的钱是家人给的，所以内心很难认同这些钱等于自己的成就，这就是一些"富二代"乱花钱的原因，他们没法通过"赚钱"来建立"成就感"，于是通过"花钱"来建立"别人看得到的虚假优越感"。

- **钱≠影响力**：有些人有了富可敌国的财富后还不满足，想要"影响后代子孙，名留青史"，于是捧着钱到处去找能让他瞬间闻名全球的计划、项目，例如盖建筑，特别是有地标性、能让大家仰望自己名字的建筑（如学校、摩天大楼、大桥等）；或是以自己的名义成立慈善基金会，让大家知道自己在做善事；或是拍一部自己的传记纪录片；或是以自己为出品人拍一部得奖的影片——《主竞赛》（Official Competition）就是很棒的电影案例。但钱只能买到虚名，买不到真正源于自己、由内而外的影响力。

- **钱≠爱**：有的夫妻就算贫穷患病也依然相爱，有的夫妻即使住在奢华豪宅中也会天天吵架、狂乱花钱、摔名贵碗盘，甚至通过外遇来泄愤报复，所以钱跟爱并不直接相关。如果被"贫贱夫妻百事哀"这句话种下"害怕贫穷"的印记，反而会让人以"钱、赠礼价值、财富"来衡量爱的多寡，很容易掉进"爱"的木马误区。

关于钱≠爱,美国奈飞公司(Netflix)拍摄的纪录片《Tinder诈骗王》就是真人真事的经典教材:西蒙·利维耶夫以私人飞机、奢华美食、跨国旅行,以及"我爱你,要与你共度一生"的甜言蜜语,在交友软件Tinder上吸引许多女子跟他交往,然后再向她们借钱,导致多名女子负债。

- **钱≠安全感**:之前提到的《古驰家族》就是最好的案例。
- **钱≠梦想成真**:有的人努力赚钱存钱,想要"环游世界",但倘若累到把自己的健康搞垮,躺在病床上养病,不仅无法梦想成真,还要把钱与时间都交给医院。

和这些金钱木马脱钩的最好方式就是去思考:如果不靠别人的钱或资源,我要怎么靠自己的才华实现梦想?

此外,在处理完金钱木马之后,请记得以下保命保本的守则:

- 不要借钱给别人,或是尽量不要向别人借钱,因为还有金钱破口/弱点,别人很容易趁虚而入。
- 不要试图赚快钱、赌博、参与高利投资,急躁就是踩坑漏财的破口。

- 如果经常乱花钱，钱一进来就只留生活必需金，其他的钱请第一时间存放在"只有你知道，没有其他任何人知道"的秘密账户，就算保本保息也没关系，不要用于有风险的投资，因为你的金钱破口还在；最重要的是，这个账户不要有提款卡，也请关闭网络转账功能——我十八岁时发现自己有金钱木马破口，所以设了一个"只进不出"的账户，不做任何有风险的投资，顶多就是保本保息。此外，我在《人类大疫考》一书中提到如何建立"防止金钱木马漏财的财务安全金字塔"，特别是还有金钱课题的人或负债者，要想办法第一时间把金钱木马的坑洞补好、还清债务，然后开始一层一层建立不同阶段、不同等级的财务自由水位。我们可以这样比喻：在气候多变、降雨量不稳定的情况下，先把水库建好，存好够用一年以上的生活用水，之后，才能安心生活与种植。这也是将自己的频率从焦虑逐渐转为安心的稳扎稳打的方法，大家可以详细研究与安排。

以上18个抓出核心金钱木马的问题，我称为"金钱的降魔十八掌"。基本上，这十八个问题可以抓出80%以上的金钱木马，只要你随时检查，就可以决定是放任木马，还是聪明地驾驭它，避免被木马拖着疲于奔命一辈子。

疾病、意外、生死课题

哀伤、批判、愤怒、怀疑等情绪是疾病的开始。当被植入了"我不健康"的信念后,人们很容易为自己的身心创造出很多问题,甚至造成疾病或意外,其背后藏有我们必须面对的重要课题:深度研究原生家庭哪些负向频率导致身心产生这样的反应,了解这种疾病或意外为什么会出现在这个时间、这个地方,它的出现是想要教会自己什么。虽然同样症状背后的原因可能不大一样,但看清楚之后就有机会修正源头频率设定,释放并更换频率,进而从课题中学习,不再为自己的身心制造问题。

这些相关的概念,大家可以参考许瑞云与郑先安医生合著的《心念自愈力》、尹娜·西格尔的著作《身体的秘密语言》(The Secret Language of Your Body)、世界知名细胞生物学家布鲁斯·立普顿的演讲影片《信念的力量:新生物学给我们的启示》(The Biology of Belief),以及《再活一次,和人生温柔相拥》(Dying to Be Me)的作者安妮塔·穆贾尼谈自己经历濒死体验之后领悟了什么的影片。露易丝·海在《生命之重建:治愈你的身体》(Heal Your Body)中的"疾病的隐喻表格"里,指出某些特有的情绪,如批判、愤怒、排斥……是最大的致病原因,书中亦整理出因心理症结而产生的

106种症状，以及治疗这些疾病应有的正确意识与心态。这些书与影片让我们更懂得"疾病的启示"。

过去人们总以为"基因"会决定我们的健康，但现在需要转变对健康的认识：我们的信念对身心健康影响很大，因为信念是能量，也是信息频率，夜以继日不停地对我们的身体细胞产生影响，所以我们要拿回自己的身心健康，并为之负起百分之百的责任。

从原生家庭搜索出影响健康的负向印记

我们该怎么清除自己身心的不当信念呢？请花一点时间，回答下面两个问题：

1. 请列出自己身心曾出现过、或是现在的主要问题，然后试着分析它可能源自原生家庭或幼年的哪种经历。并试想，如果这样的木马频率不改变，自己将来可能出现怎样的状况？

2. 你印象最深刻的记忆中，身边的家人、亲戚或友人，曾出现过怎样的身心疾病或意外？请试着分析深层的木马原因。

以下是我针对上述两个问题做的深度解析：

目前身心显现出来的问题，就像是突然浮出水面的冰山一角，一定是平常忽略已久而没有妥善处理。每一种身心疾病背后，都是一条直连原生家庭木马课题的线索。我想跟大家分享几个找我做过木马咨询的"极特殊案例"（已匿名处理，以保障个人隐私），并通过相关电影与纪录片的内容，整理出方法（非结论），作为大家破解身心健康木马的参考——以下不触及医学治疗领域，纯粹以个案的病痛为线索，搜寻可能藏在他们潜意识或无意识中的原生家庭木马，重点在于破除原生家庭的负向木马印记，使其不继续在未来人生中制造更多问题，而非提供医学的方法。就好比一个人总是"走路不看路"栽进路坑摔伤，借由疗伤搜索到核心木马后，对现在的伤势不一定有用，但对他以后避免、减少或消除同样模式的伤害有正面的意义。

不少个案的病情在找到木马后突然有了奇迹般的转变，那可能是他们接受的治疗有效，也可能是他们有很大的想要改变的决心，至少已经找到核心木马的他们知道该如何精准调整，而且是在身心还可改变的状态下完成"量子跳跃般的奇迹"，特此说明之。

○ 帕金森病

有一个帕金森病的个案，患者是一名小学老师，来的时候手脚与身体扭曲不协调，语言表达也有困难。我问她："小时候原生家庭里的父亲或母亲，是否曾对你要求过分严格？"她说小时候父亲对她特别严格，把她当成男孩管教，做错事或成绩不好总是会被严厉惩罚，所以她从小就战战兢兢、非常自律，很怕出错被骂，只要考试没得满分或是做得不够完美，就会苛责自己；长大后成为小学老师，她对学生也是严格要求。后来不知为何，她突然开始不能控制自己的身体、四肢、面部表情，也无法正常用语言表达，病情越来越严重，去医院做了检查和治疗也不见起色。我观察她说话的时候很着急，走路也是，就对她说："我观察到，你越不能控制身体，就越着急，讲话就越结巴。"她说："是啊！我……越……不能……控制……自己，就越……紧张，我……也怕……这样……说话……别人……听……不……懂……"

三个步骤破解法

1. 头尾数相连。现况"帕金森病（失控）"+原生家庭最初负向印记"从小父亲的严格管教"=共同关键词"控制"

2. 头尾第二数相连。现况之前"对学生严格"+原生家庭之后"对自己严格"=共同关键词"控制"

3. 整理出方程式。高度控制→身体通过失控反扑、自救，尝试获得自省机会

- **我给她的建议：**"控制，是怕失控后被别人看到自己不够好的地方。过去父亲的严格，被你内化成严格管控身心，不允许自己出错，这不是正常对待生命

自然流动的方式,而是机器创造'优良商品'的概念。最大的放下,就是放过自己,我们来调整一下好吗?把头脑中的控制键关掉,从现在起让身体接管,你要全然信任身体,先感觉身体想要怎样,你就配合——它慢你就慢,它想停你就停。说话也是,先感觉自己内心真正想说什么,想清楚哪些字词确定是你要说的,然后不要急,深呼吸,有耐心地一个字、一个字慢慢说,这样比你焦急说话更让人听得懂。把自己当成禅师,尽量少说话,带着觉知放慢生活节奏,缓慢地行走。"于是她就在我面前,试着一个字、一个字慢慢地说,并练习放缓脚步,极慢地行走。她说这样做,就不会感到越来越慌张,甚至跌倒。我说:"太好了,身体就是你最好的禅师。"

○ 阿尔茨海默症

近期有越来越多的电影以阿尔茨海默症(因脑部神经细胞受到破坏,出现记忆力衰退、认知功能障碍等问题)为议题,例如《依然爱丽丝》(*Still Alice*)、《超新星》(*Supernova*)、《困在时间里的父亲》(*The Father*)、《我痴呆了,请多关照》(*I Go Gaga, My Dear*)、《爱在记忆消逝前》(*The Leisure Seeker*)、《明天的记忆》(*Memories of Tomorrow*)、《铭记之瞬》(*A Moment to Remember*)、《依然如是》(*Still Mine*)、《被遗忘的时光》《如蝶翩翩》(*Navillera*)、《沉睡蝴蝶》

(Butterfly Sleep)、《长路将尽》(Iris)、《旋涡》(Vortex)……而《困在时间里的父亲》《旋涡》等电影以阿尔茨海默症患者的角度看世界,有助于我们理解他们的视角与现实世界有怎样的误差和落差。

我的祖母也患有阿尔茨海默症,除掉病理原因,若从意识层面来看,她过去有丧夫后要独自养大七个小孩的生存压力,完全没有时间疗伤——如果我们把大脑比喻成一部计算机,有大片创伤会因压抑而被屏蔽,久而久之,那一块区域就封死了,大脑要健忘才能保护自己不再触碰创伤,也算是一种自救的保护机制。在电影《困在时间里的父亲》中,男主角经历了丧女之痛,导致他的记忆、时空感受、人物辨认都出现了问题,经常把家中另一个女儿看成逝去的那位,这也是一种心理代偿。

其实从灵性的角度来看阿尔茨海默症,当事人慢慢丧失自我认知,就像是"小我"的慢性死亡,也像是电影《本杰明·巴顿奇事》(The Curious Case of Benjamin Button)那样,人生渐渐逆转回婴儿时期。真正面临考验的其实是要照护病人的家人,得全天候看护,以防他们走失,找不到返家的路,以及他们经常忘了自己把哪些东西放在哪里而带来的暴怒或猜疑……除非二十四小时请人看护或是送到疗养所,否则家人的精神压力会很大,看护的费用更是沉重负担,这对于照顾他们的家人或伴侣而言,考验的议题就是"不离不弃,无条件的爱"。所以让自己不痛苦的方法就是把他们当成儿童或婴儿,但要逆着时序:我们对儿童或婴儿是在期待他们进步,但阿尔茨海默症患者是倒退的,你要让自己学会放下"控制",放下"想让他们改善、变好、恢复原状"的期待。因为永远都有当下全新的课题,也正好学习以"爱的本貌"而非以"过去的记忆"来与他们相处。

如果家人患有阿尔茨海默症,最重要的是调整自己的心态,若还在早期,可以协助他们疗愈过去心里的创伤,但若病况已无法逆转,就请视此为生命必修课,就算他们有哪些事让你不开心,比如尿床、失忆、走丢,你也可以把他们当作自己的孩子,或许你小时候也得到了这么耐心的照顾。

这也提醒我们:若自己、家人、朋友过去出现过巨大的创伤或是被惊吓,请不要刻意选择遗忘,而要勇敢面对、深度疗愈,并以智慧与爱化解——只要没有什么害怕回想起来、害怕提起的过去,并让脑与心保持乐观、健康、活力,就能降低阿尔茨海默症、失智或失忆的潜在风险。

○ 渐冻症

根据渐冻人官网的定义,肌萎缩性脊髓侧索硬化症

(ALS)是成人常见的运动神经元疾病,又名"渐冻症",患者的脊髓、脑干、大脑运动皮质区的运动神经元渐进性退化,引起全身肌肉萎缩和无力,疾病末期会出现全身瘫痪、呼吸衰竭,直至死亡。

如果说阿尔茨海默症为照顾者带来很大的难题,那么渐冻症对当事人的考验更大,因为他/她会逐渐接近"失能",最终到达"死亡"状态,有的是遗传基因导致,也有的是重金属中毒的结果。最著名的渐冻人是物理学家斯蒂芬·霍金,渐冻症相关电影则有《万物理论》(The Theory of Everything)、《温暖渐冻心》(You're Not You)、《一公升的眼泪》(1リットルの涙)、《我的爱在我身边》(내 사랑 내 곁에),等等。

"死亡"是每个人必至的终点,有的人因疾病、意外或猝死而抵达,而渐冻人的"死亡"时间被拉长了,在灵性的层面上其实是"精微体验并觉察死亡"的修行过程,通过慢慢且逐渐地"失去",让自己渐渐放掉对身体的执着,也等于通过"越来越不自由"的身体,来修炼越来越自由解脱的心灵。

○ 中风

因为脑血管阻塞或破裂,脑部组织受到压迫,得不到足够血液,导致机能受损或坏死,造成身体功能失调,例如半身不遂或言语失常等。最著名的案例就是哈佛大学脑科学家吉尔·泰勒，她在1996年突然左脑卒中，但凭借自己对大脑的了解，她最终用右脑解救了左脑，甚至让自己奇迹般地完全复原，还开发出右脑的潜能，达到安详平和的涅槃境界。她的《奇迹》(*My Stroke of Insight: A Brain Scientist's Personal Journey*) 一书，与她在TED的演讲《你脑内的两个世界》影响了全球。

如果有心脑血管疾病家族史，或家族里曾有人中风，就要特别注意自己是否有工作过劳、高血压、饮食油腻、高脂血症、糖尿病、心脏病、颈动脉硬化、缺乏运动、抽烟、喝酒等情况，并回头检查自己，彻底改善这些危险的诱发因素。

我有位学生突发中风，导致一侧的手失灵。我看过的案例中，不少中风患者都跟高压工作有关。如果这是自保机制，那就是身体平时已经给了很多"须休息"的警告，却一直被忽略，只好先让身体部分区域(通常就是会影响工作的部位)强制休眠或关机——建议把身心健康和休息放在日程的第一位，确保睡眠充足、心情愉快、饮食健康，无论再忙，每周都必须有足够的运动时间，每年至少做一次详细的体检，这样，日后就不会把自己赚的钱送给医院了。

○ 智力迟滞/智力障碍/智力不足

2021年，一位母亲带着十八岁的女儿来找我聊，她的女儿一出生就被医生判定有严重的基因缺陷，导致智力发育迟缓，语言表达也有问题。我从侧面观察，发现这位母亲经常使唤她做这做那，可以初步判断母亲很强势。

于是我请这位母亲先离开现场，让我先跟这个女孩单独聊一聊。她的反应虽然慢一些，但还算是能安定下来专心做事的人，只是因为她已经被制约成"每件事都得经过妈妈同意"，有严重的自信心不足问题。

我问她："你平常最喜欢做什么？"她说："画画。"我再问她："你画画时，画什么主题、用什么颜色，每一次决定都要问妈妈吗？"她说："不用！"我接着说："那非常好，你已经十八岁了，之后要开始学会每件事自己做决定，就像你画画时的那种自信，尽量不要再去问妈妈，可以吗？"她惊讶地说："真的吗？我真的可以吗？"我说："是的，你完全可以！"

后来她对我说，她以画画时的自信，来为自己生活中的大小事做决定，感觉真的很棒。我说："是的，你已经完全可以独立，请好好活出自由自主的人生吧！"

跟女孩聊完后，我也跟这位母亲单独聊了一下。我问她："你在怀她时，发生过什么事吗？"其实我心里想问的是"你是否曾经想堕胎"，但怕影响她的回答，所以没说出来。她果然回答："有，怀孕时发现先生外遇，所以很犹豫要不要把肚子里的胎儿拿掉……"这跟我的初步判断是一致的：母亲有想要人工流产的念头→胎儿感受到生存的威胁（不知道自己能否顺利出生）→可能因此导致胎儿发育不良。所以我向她解释："如果你是胎儿，在妈妈肚子里感受到可能会被拿掉，会不会觉得生存受到威胁？这种恐惧的频率当然会严重影响发育，所以请尽量不要再给她'生存焦虑'的负向印记了，也不要因为害怕她无法生存而一直帮她做决定，这样她永远无法学会独立生活，将来也会因为这个木马模块，很容易吸引到强势否定她的人事物。如果她愿意，而且准备好了，你要开始放手，让她每周去学校住几天，直到完全独立为止。"

如果有人在家族史的访谈中，发现自己曾经在母亲肚子里有过"可能被拿掉"的生存危机，要尽快找时间让自己深度疗愈"不配活、不值得活、可能活不了"的恐惧印记，以免造成生命自信地基的脆弱崩塌。

我在这里延伸分享一个类似的木马个案破解案例：

如果父母曾对你说过"真后悔，白生你了""早知没生你就好了"……根据"原生家庭木马快筛"的体系，我们可以这样分析：

父/母后悔生你

→父/母潜意识中可能对自己的人生也很后悔/遗憾。

→父/母的养育者（你的爷爷、奶奶、外公、外婆或其他人）也曾对他/她说过类似的话，所以只要父/母想表达对你的期望落空、恨铁不成钢，情急之下没想到更好的表达方式，就会说出"后悔生你""早知没生你就好了"这样的话，代代相传，传到你这一代。

三步骤破解：

1. 木马快筛→觉察这句木马的出处：当你听到这些话，若感觉到自己被父/母视为"没有存在必要"的无价值感、羞辱感，请记得，那是父/母被继承、没觉察也没转换掉的负向木马印记；你要把当下这些感觉转变成：这些都是父/母曾受过的伤，他们说的不是真的，是来自无意识的创伤刻痕/木马印记。

2. 转换反应→如果你决定抛弃原生家庭负向印记，从自己这一代选择"爱与智慧的版本"，可以对他们说："对不起，我让你们失望了，但我会深思自己的人生究竟想怎么过，我想对自己完全负责，请你们不要着急，让我有时间成长，也让我有机会学习成为我想成为的自己。我想跟你们说的是，我不仅没后悔被你们生下来，还非常感谢你们克服困难生我、养我，让我得到宝贵的生命，去体验这个世界。我希望我们从现在起不要再用这些话互相伤害，人生有限，爱与感谢都不够用……"以上仅供参考，说法或表达方式自行转换，可以自行发挥。推荐大家去看是知裕和导演的《婴儿转运站》，里面几位"被母亲抛弃"的孩子彼此疗伤取暖的方式就是互相说"谢谢你的出生"。

3. 彻底除障→找机会和说出"后悔生你""早知没生你就好了"的父/母深聊他们小时候感到受伤的话，照书中"三代家族史"那一段的范例，帮他们破解原生家庭木马，让你从此"耳根清净"。

如果你是曾对孩子说出这些话的父母，也请自己照书快筛、照书解封、转换负向木马印记，不再让这木马印记继续烙印在孩子的心灵，早点为自己和家人的命运困境解封。

○ 自律神经失调导致的失眠

脑中有戏，内心难静——近几年我身边不少学生或好友都有失眠的困扰，有些是自律神经失调引起的。自律神经失调是目前很多有工作焦虑的人常出现的亚健康状态，也是身体敲响的警钟，如果导致失眠，就表示哪怕想"逼"身体睡觉，身体还是需要"放松"才能睡，于是通过"失眠"提醒我们放掉"控制"，改变自己的"高压焦虑"状态。

可以在晚上冲凉或泡澡时，放下大脑压力与重担，通过想象自己在充满净化之光的温暖瀑布里，冲刷掉旧细胞及沉重的情绪印记，然后进屋睡觉前，想象把自己忙碌的大脑关机，把包袱卸下放在门外，把自己的姓名、身份、角色也如脱掉外衣般整件放在卧室门外，只带一个无烦"脑"的身体上床睡觉；如果躺在床上还有念头，就提醒自己大脑已经关机放在门外，并观察自己下一个跑出来的念头是什么。通过观察，念头投影机就会自动关闭。接着想象自己像一片羽毛那样轻盈，无事一身轻地飘到床上，想象床就是自己的回春圣殿，通过一晚好眠，重新恢复七岁时年轻版的自己。除此之外，让身体自己做主，累了就去休息或睡觉，尽量睡到自然醒，醒了就做点事，不累就不要勉强自己去睡，尽可能不让焦虑"控制"生理时钟，还身体百分之百的自主权，至少先实验七天看看。还有一个随时调频的方法：每一次呼吸时，都把吸气当成刚出娘胎的第一口空气，吸饱吸满，吸到头顶以及全身，然后把气暂停在全身的每个细胞中；吐气时则当成人生最后一口气，把所有的重担压力、焦虑担忧全部一次吐尽，让自己释放到净空、恢复原厂设定，并随时化紧张为觉知，化焦虑为宁静，化恐惧为力量，以此来调节自律神经。

○ 猝睡症、强直性麻痹

以下是我在2021年夏天巡讲时，与一位学生G的对话。

G："请问老师，我经常毫无预警地睡着，造成生活上的困扰。看过无数个医生,始终无法解决这个问题。请问我可能藏有什么木马?我该怎么办?"

我:"请问你最早发生这种情况是在何时?"

G:"我印象中第一次发生突然睡着的情况,大约是在小学三年级。"

我:"在小学三年级时,你印象中发生过什么让你感到惊吓或害怕的事吗?"

G:"我对小学时发生过的事好像没什么印象……如果硬要去想,可能是在小学三年级时,我忘了因为什么事,老师突然对我大吼,然后我就突然睡着了。"

我:"我不确定你这种状态是不是'猝睡症',这需要专科医生来做详细的检查和研判,以及后续治疗。但我们可以同步试试'找出木马病因,然后调整'的方法。如果通过这种'离奇'的病,能成功循线快筛出'核心木马程序',虽然不一定能让'猝睡'得到改善,但至少我们有机会精准调整,让这个木马不再继续影响你的未来。

"试着旁观分析一下:当你突然遇到'惊吓'又不知如何反应,身体就会以'突然昏睡'来逃避继续被惊吓,结果建立了'惊吓→昏睡→中止惊吓'的反应方程式。你可以试着做'改写惊吓反应方程式'的练习:把你过去发生的类似情况(最好能回溯到原生家庭时期)都写下来,然后以非常放松的状态，播放舒缓的让自己安心的音乐，并想象一下如果现在的你坐时光机回到过去，重临当时的惊吓状态，你可以怎么'更换'反应，让自己不需要再通过'突然昏睡'来应对。把过去每次'惊吓→昏睡'的情况，都真实地模拟出来并替换成新的反应方式，并且需要连续练习至少二十一天，因为新的行为若想改变脑神经连接回路，需要重复执行二十一天甚至更久，才会变成习惯的回路；最好能连续三个月不中断，让自己学会，下一次再遇到类似'惊吓'的状况时，用新的反应方式，无惧且冷静地面对。"

一篇名为"为何有时候人会被吓傻！大脑一片空白，身体动弹不了？"的文章说："有人被吓到时会全身'定住'动不了，完全不知道去反抗或逃跑，这种应急机制是无法控制的，叫作强直性麻痹，那是因为身体一下子接收到大量令人毛骨悚然的信息（如气味、触感），大脑会进入低耗能休眠模式，并产生许多麻醉神经的物质来麻痹自己，使自己感觉不到疼痛和害怕……在动物界，身体一动不动地和环境融为一体，让敌人不容易发现自己，可以带来一线生机；有些动物在被抓到后会挣扎一段时间，如果发现无法逃脱，就会进入强直性麻痹状态，因为许多肉食动物不喜欢吃死掉的动物。"所以这个看似挺危险的身体反应，原来是危机时刻用来保护自己的机制。但如果因"过度扩大危机的定义"造成生活上的困扰，可以试试通过"解除原木马设定，重新改写定义与反应方式"来调整。

○ 视力弱化

有一位女同学在下课时过来找我咨询。她的视力逐年下降，去医院检查也没找到原因，问我该怎么从这个现象破解木马。

我问她："小时候是否发生过什么事，让你感觉不堪入目？"

她想了一下，说："我记得小时候，有一次提早放学回家，不小心撞见爸爸跟别的女人偷情……"

当她小时候看见自己无法接受的突发事件时，如果没有调整回"健康"的认知状态，视力就可能跟这件事有关：潜意识不想再看见某种东西，于是慢慢削弱了自己的视力。

另外一个例子也很特别，有一位男同学也有类似的问题："视力逐年下降，去医院检查也没发现什么大问题。"他问我该如何破解木马，我问他："你平常在修行吗？"他回答："是的。"我继续问："你觉得如果视力消失了，会对修行产生什么影响？"他说："这样就能更专心修行……"刚说完，他对自己的答案感到很惊讶，然后就懂了。我说:"谁说'盲'才能看到内在真相?视力好一样可以修行。你在潜意识或无意识中让视力减弱,以符合你的错误设定。你现在发现可能导致'视力变弱'的木马原因之后,可以重新决定究竟是要让视力恢复,还是让它继续变差。"

听力问题

关于耳朵,我有些学生是中耳炎,有的则有耳鸣、重听的问题,还有的是耳朵里有异物造成发炎。除了病理原因之外,我通常会问的"木马检索"问题是:你最不想听到谁的声音?

一位中耳炎严重到要动手术的同学,她的回答是"不想听到妈妈对爸爸的抱怨",但她不知道该怎么做,而当听力开始弱化,她能听到的抱怨声也就真的越来越弱。还有另一个例子是在台北课堂上,一位男同学举手说"右耳听力下降,但怎么检查都查不出原因"。我问他:"你最不想听到谁唠叨?"他很不好意思地小声说:"我妻子……"原来他妻子也在课堂上。我继续问:"她通常在你的哪只耳朵边唠叨呢?"他想了想,惊讶地说:"右耳!"我又问全班同学:"在你们的经验中,通常是老头比较容易重听,还是老太太?"大部分同学异口同声回答:"老头!"

如果想避免这样的情形发生,其实双方都要改变沟通模式。如果有一方一直唠叨，可能是觉得对方没认真听，或是"讲了也不听"。所以改善的方法就是，当对方又在唠叨时，就算你再怎么不想听，也不要以沉默、冷漠的方式逃避，否则对方还是会一直唠叨，直到"她/他觉得成功"为止。你要想办法让对方觉得你在听，看着对方的眼睛，非常认真地听她/他到底要说什么，然后好好沟通，有意见就以对方能接受的方式表达出来。只要双方坦诚，达成一致后，你再复述一遍让对方知道你听进去了，就有机会中止"唠叨VS不想听"的循环，也就能减少一方"重听"，另一方则出现"颈/喉轮"问题的概率。建议大家可以先从双方的"原生家庭沟通模式"开始破解木马，也可以同步参看《我想跟你好好说话：赖佩霞的六堂非暴力沟通入门课》，或是金惟纯的《人生只有一件事》，不要让"不良的沟通方式"为彼此的身心制造问题。

还有同学问，她经常耳鸣，找医生检查也查不出原因，想知道自己可能是被哪类木马卡住了。我问她："在你的原生家庭或身边，是不是经常有人给你提意见，而且不止一位？"她说："是的，有时是爸爸，有时是妈妈，哥哥姐姐也会经常给我提各种意见……"我问："那你认真听过自己内心真正的声音吗？"她想了想说："没有！"我说:"或许'耳鸣'就是在提醒你,要听自己的声音!"

○ 喉部问题

刚才提到的"唠叨VS不想听"模块,如果有一方"唠叨"却还是沟通不畅,就很容易在喉轮能量上出现障碍。喉部有问题的人,或许可以循线找出核心木马,如果能通过原生家庭或三代家族史破解,就更准确了。

之前我上过一位英国老师的课,班上有位同学说他喉咙经常肿大,切了肿块又长,三番五次,却始终找不到原因,也无法根治。当时在场的我们都看得出来他的喉咙肿得挺严重的,老师便问他小时候是否曾对谁产生不满,却没表达出来。

同学想了想:"爸爸以前经常打我,很痛!"

老师继续问:"你告诉过他吗?"

同学回答:"没有。"

老师又问:"为什么?"

同学回答:"因为爸爸老了,说这个也没意义……"

老师说:"无论如何,你今天都要跟他说说你当时的感受,打电话也行。"

同学说:"不用吧……" (可以看得出来他很抗拒)

老师说:"如果你不跟你爸爸说这件事,明天就不必来上课了。"

说也奇怪,第二天一早这位同学来上课时,喉咙的肿胀居然非常明显地消了很多,前一天晚上他也真的打电话给自己的父亲。因为亲眼见证了这案例的神奇,我就把这方法用在一次与好友的对谈中。有一次,好友带着儿子来找我,说:"我儿子很乖,但问题就是'太乖了',都已经是大学生了,却什么都要问我,也不知道自己将来要做什么……你可以指点指点他吗?"后来我请好友离开,跟这位大学生单独聊了聊。

我:"关于你妈妈,你印象最深刻的事是什么?"

他:"小时候,有一次和妈妈一起跟团旅行,导游在解说一个地方的历史故事时,我发现他讲错了,于是当场纠正他,结果我妈当着全团人的面斥责我。从此我就不想再表达自己的意见,反正说出来一定会被骂……"

我:"你能不能试着通过想象回到现场?然后用新的角度来看当时的妈妈,看她那时为什么要骂你。然后把时间再向前推几天,可能发生了什么事,导致她脾气不好或心情不好。"

他:"我记得那时出门旅行前,妈妈跟爸爸大吵一架……好像是爸爸纠正了妈妈什么事,把妈妈惹恼了。"

我:"所以妈妈可能把'当着孩子的面被纠正'的气,

出在'当着大家的面纠正导游'的你身上。你有必要把这件事变成'从此不想再表达自己的意见，反正说出来一定会被骂'的终身印记与制约吗？你能否找时间跟妈妈聊聊这段往事？跟她说这件事给你带来的感受和影响，看看她怎么说……"

几天后，他发短信跟我说："昨天我跟妈妈说了，她很惊讶，说她完全不记得这件事……我终于明白，这么多年，我一直从妈妈当时的情绪中生成'恐惧'木马来捆绑自己，谢谢你帮我发现它。"

还有一位我的人类木马程序教练班学生，跟我分享了她家人的案例：她爷爷和舅舅都死于食道癌，他俩的共同点是：倔强、刀子嘴豆腐心、不懂人情世故、人际关系差……他们去世时，嘴里都有咳不出来的黏痰。当她上完人类木马程序课的"健康篇"后，发现自己喉咙也有"黏痰"问题，于是在三代家族史的作业中找到"面对严厉的父亲，不敢说出内心真正想说的话"，喉咙被恐惧的频率卡住。这让我想到在纪录片《人生七年9》中，主角之一的尼克一心想要做的研究被迫终止，就像被人掐住喉咙一样，失去了生存动力，后来患了喉癌的"巧合"。

把闷在心里的委屈说出来是勇气，自己解开不平衡的心结是智慧。如果发现有喉部问题，无论是甲状腺结节、甲状腺亢进、甲状腺癌、咽喉炎、下巴后缩，还是扩大范围到舌癌、口腔癌，都可以循线搜索一下自己是否有"难言之隐、忍气吞声、噤口不言如害哑"的木马程序。还有一种常见的"怕冲突"木马：最怕别人生气或吵架，总想赶紧平息争吵，以至于自己真正想表达的东西都不敢说出来，这也是同样的问题。

请勇敢表达自己想说的，向对方说出来，一方面让喉轮能量畅通，不把对方的木马迎进自己的生命里，另一方面也让对方有机会弥补和道歉，只要彼此带着爱的频率，真心诚意地"有话好好说"，双方都能得到新的解决方法和更好的关系。

○ 牙病、骨质疏松

除了可以检查出来的病理原因之外，通过深思牙痛或牙齿相关问题，也可循线领悟身体给我们的提醒："还有什么人生课题未面对、未解决吗？"《健康，从牙齿开始：指出你想都没想过的牙齿未爆弹》作者陈立川博士提出过"每一颗牙都有其对应器官"的概念。除此之外，牙齿也与自信有关，如果自我存在的信心地基不稳，有时也会通过"牙"的问题（蛀牙、牙龈萎缩、牙周病等）来提醒。

此外，"骨质疏松"也有与"牙"类似的木马课题，往往内藏"生命力、自信心的骨架"支撑不了的情况，潜意识非常需要家人、友人的爱与支持。

○ **呼吸系统的相关疾病：** 过敏性鼻炎/肺炎/气管炎/咳嗽/感冒/上呼吸道感染

无论我们信不信任空气都得呼吸，所以如果发生与呼吸系统相关的疾病，我们可以想一下，自己有没有关于"信任"的生命课题，例如"不信任别人"或"不信任自己"。

我曾遇到一个很特别的个案，她说自己一年内总会感冒很多次，只要附近有人咳嗽，她就会被传染，而且都会发烧，后来追溯到她小时候，爸妈经常对她说，只要是重要的课，就算生病也得去，但不重要的课就可以请假回家——说也奇怪，早上的数学课、英语课……她的病情都不会太严重，但到了下午的体育课就会开始发高烧；等到毕业后去公司上班，如果工作压力大，她就算再怎么不舒服，身体也一定会撑过公司重要的会议才开始发烧。我对她说："你的健康比学业、工作都重要，你现在可以把设定改成'健康最重要'，否则身体只好沉默抗议，以感冒或发烧来逼你休息。"

这也是为何有些人总会在重要时刻，例如考试、面试、公司提报、公开演讲、演唱会、作品发表会、股东大会……之前生病(有的是通过"不可抗力"事件)，潜意识逃避压力也算是身体的自保机制；也有些孩子会通过"突然生病"让正在争吵的父母停止吵架，或是想得到"忙于盯着计算机或手机工作"的父母关注。父母不必一直为孩子的病情东奔西跑，却可以用心探寻孩子到底要通过"生病"来达到什么目的。这才能治本，而不只是治标而已。

○ 皮肤病

皮肤是我们与外在世界最大的接口。除了病理原因，如日照过强、季节变化、蚊虫叮咬、外伤、接触性感染、过敏、毛囊发炎、内分泌失调、免疫功能低下、神经系统病变、压力过大或疲劳引发的带状疱疹……之外，如果我们对自己、周围的人或这个世界有愤怒、恐惧、不信任、厌恶、排斥等情绪，皮肤也会有反应，就像镜子一样被映照出来，相由心生。

电影《天堂大塞车》中，女艺术家明迪·阿尔珀说她怕染上虱子，也怕把虱子传染给别人，更担心自己身上的病毒感染到别人，害他们生病或死亡。她这些忧虑的起因之一就是从小妈妈不怎么抱她，她感觉妈妈不爱她，于是内化成"自己不值得被爱"，也害怕别人不爱她，所以有皮肤病的困扰。

在我的某一堂线下课中还有个特别案例。有位男同学举手问："不知为何，我的皮肤只要碰到金属的东西就会过敏、脱皮，无论是金属眼镜、手表，还是皮带的金属扣环。多次看过医生，但这个问题始终无法解决，请问我可以怎么循线找到自己的木马程序？"

说也奇怪，当他讲完这个问题，我脑中浮现出"一群身上都是金属锁链的人在拼命跑"的画面，所以我问他："你是不是自我要求很严格，很多事都想争第一，觉得如果不是第一就活不了？"他惊讶地说："是啊，你怎么知道？我都会要求公司员工跟我一起拼业绩，我们一定要是业界的第一名……"我问："你能随便举任何一幕让你印象深刻的电影画面或是梦境吗？"他想了想说："我忘了片名是什么，但记得有一幕电影画面让我印象深刻：一群戴着粗重金属手链、腰链、脚链的奴隶在拼命向前冲，因为落在最后的几位会被杀掉……"我告诉他："这就是深藏在你潜意识或无意识里的生存焦虑木马：不是第一就无法生存，你对金属过敏也跟这个木马印记有关；还有，每次过敏脱皮之后就会有'新'的自己，这也符合你想要'成为更好的自己（不信任现在的自己）'的设定，所以你可以先解除这组焦虑的木马设定，不再投射出更多问题造成身心的困扰。"

倘若之后有和皮肤相关的问题，不要只是惯性地找药擦，记得去检查你与自己、与周围的人、与世界的关系是否存有"不信任"的问题，好让自己彻底除掉木马的病根。

○ 心脏问题：心痛/心悸/心律不齐/心肌梗死

除了病理原因之外，给自己的压力过大，焦躁，节奏太快太赶……也会造成心脏问题。所以要随时解压，放掉不当的目标压力，别让身体的转速像跑车一样，飙久了也会爆胎。

○ 肠胃问题：胃胀气/胃酸逆流/胃溃疡/肠胃炎

除了病理原因之外，检查一下自己有没有好好吃饭，还是挂着公事、心事，囫囵吞枣导致消化不良？不要把胃肠当成食物的容器，更不要把身体当成工具，如果你有肠胃问题，可能要去原生家庭找一下，过去跟家人吃饭时的感受是什么？有些父母经常在餐桌上拷问孩子的学业、成绩，或是动不动指责孩子，导致他们为了离开餐桌快速把饭扒完——这种原生家庭负向印记也会严重影响消化系统，特别是肠胃。

所以我们要懂得自行调整，吃饭时可以播放一些轻音乐，让全家人在愉快的氛围中享受美食，因为肠胃是跟着自己一辈子的。

○ 暴食症/肥胖

其实有不少案例的肥胖问题是源于心理因素，比如有一位五岁的小男孩，自从父亲意外过世，他的食量就大增，因为他的潜意识想要赶快长大，代替爸爸来保护妈妈。还有一个例子，有位女生有很严重的暴食症，探究其原因是她的未婚夫因病过世，焦躁的她开始狂吃来增加自己的存在感与安全感。另一位女生也有类似的情形，她的妈妈一直在过量地对她强迫喂食，因为这位妈妈有莫名的焦虑，深怕女孩子太弱小，"万一被欺负了该怎么办？"所以她认为只要把女儿喂胖、变壮了就安全。

带着焦虑用餐是很容易发胖的，身体会过度囤积热量来应对焦虑不安的频率。

更改频率→如何让自己不因焦虑而暴饮暴食？如何让自己不因焦虑去吃油炸辛辣的食物，增加过多的体脂？如何让自己不因缺乏爱而去狂吃甜食甜点，以为这样可以增加幸福感？

首先要解除原生家庭烙印在自己身心的生存焦虑，恢复原厂设定，优雅、缓慢、不急不徐地活出本自具足的美丽。我指的不是名模的容貌和身材，而是我们独特的自信与圆满意识之美。

以我自己为例，当我突然想吃炸甜甜圈时，我不会真的买来吃，而是在脑海里用"精细的想象"享受每一口甜甜圈的滋味，焦虑的情绪会瞬间稳定，口欲瞬间得到满足，既省钱又不会变胖，还比较健康。家里、冰箱里、工作的地方最好少放甜食或垃圾食物，下次如果突然想吃这些东西，可以先试着用想象来吃，或是先把自己调到圆满的频率，通过音乐、创作、想象、舞蹈或静坐都行。只在真正饿的时候才进食，而且要在吃饭前先量一下胃的大小，只取差不多的量，不要因为情绪不佳或压力大拿取超过胃容量太多的食物来狂吃宣泄。要理解肠胃都是肉做的，不是铁做的，所以不要暴饮暴食，最好能先调稳情绪频率再吃饭，有觉知地吃慢一点，每口细嚼二三十下后慢咽，大脑会以为我们已经吃了二三十口，就不会一直发送"我还很饿"的信号，然后七八分饱就可以停下了。最好多吃健康有机、保有原形的蔬果，少吃有化学添加剂的食物与调味料，因为我们会成为自己吃进去的东西，吃得越健康就越显年轻。此外，吃饭前要在心中对食物表达感恩，因为感谢的频率有助于心情愉悦与消化顺畅。

也请不要因觉得自己不够瘦、美而刻意采取激烈的抽脂减肥法，我看到很多人觉得自己不美而去整形，但"觉得自己不美"的想法频率，才是丑化自己的真正元凶，有时还会越整越丑、越怪，有些人还因此损害了健康与生命，韩国电影《整容液》(기기괴괴 성형수) 描述的就是这样的情节。我的秘诀是：不跟别人比，好好活出自信美就足够了——记得一定要尊重、珍爱自己的身体，让身心随时处

在圆满的频率中。

○ 厌食症

我接触过两个厌食症女孩的木马案例，她们的共同点是：有非常严格的父亲或母亲，所以潜意识都有"不值得活""不想活"的念头，其中一位年仅十六岁的女孩，严重到胃酸过低导致贲门闭锁。我对那位女孩说："虽然你还没成年，还归爸妈管，但身体是你自己的，它会跟着你一辈子，所以不要笨到拿自己的身体去报复他们，受苦的是你自己，而且你的生命还很长……我知道你因为抑郁症，并不想活很久，但我还是要偷偷告诉你，等你考上大学后就自由了，人生后半段非常好玩……你已经熬了十六年，只剩两年了，请务必坚持撑过去，为自己好好地爱惜身体。"后来加上妥善的治疗，她居然奇迹般地开始吃饭，而且已经接近正常食量。我请她母亲不要再给她学业上的压力了，功课再好，命都没了还有什么意义呢。

此外，因为怕胖而厌食者也有类似的问题：为了符合别人眼中的美，就算饿坏自己也没关系，潜意识一样有"觉得自己不值得活"的想法，制造了"身体＝身材 ≠ 健康"的荒谬程序。我们可以把"身体"当作自己最好的朋友/恋人/婴孩那样照顾，先让身体跟"自己不值得活"的木马信念脱钩，通过深度清理冥想，把负向印记归零，之后不再以错误的程序运行。

○ 肾脏问题：肾结石、肿瘤

之前我在带印度团时，有位女团员说自己的肾有问题，长了东西，割了又长，她问我这可能是什么样的木马程序。我问她："你小时候最怕谁？现在又怕谁？"她说："以前怕妈妈，现在怕婆婆。"我说："恐惧就是你要解决的核心木马，不然这频率会一直给你的身体，特别是肾脏制造层出不穷的问题。"

○ 肝脏问题：肝硬化、肝癌

有人会突然暴怒，见影就开枪，完全无法控制情绪，那是因为阴影就在他心中，每激起一种情绪，都是内建的木马投影。除了躁狂或躁郁引起的情绪失控外，也可能是他过去只要对别人暴怒，对方就会乖乖听其要求，从而让他拿到额外好处；再加上若有通过投诉得到额外补偿或赔偿的痛快经历，就更强化了这组方程式：

抱怨=争取自己的权益=不吃亏=可得到额外的好处（食髓知味）

短期来看，好像是赚到了，但长期来看，其实是以"生气"慢慢自毁健康（怒伤肝），而且他们不愿意修正坏脾气的借口是"如果改了，我就不是我了"，这种"坏脾气=个性"的错误设定会造成人际问题、健康问题,所以可以细查他的肝经或肝是否有问题。

除了病理原因之外,还须检查生活或工作上是否有过劳、高压或是愤怒等情绪毒素未排解,同时还要追溯原生家庭、三代家族史中家人是否有肝炎、肝硬化、肝癌等病史,再研究这些有肝脏问题的家族成员,在个性及饮食起居上有哪些状况与自己相似,无论这些家族成员有多大成就,也要尽早察觉出问题,勇敢抛弃这些负向印记,因为没有必要以健康换取成就。

此外,我们还可以去检查自己或别人是否把内在恐惧当成防卫武器,以愤怒来扫射周围。只要直击恐惧幻象背后那个"缺爱、求关注"的弱点,就有机会化危机为转机。当遇到某些事件,别人没啥大反应,但你特别情绪化、心情变差,甚至生气、暴走,就要记得去拆解核心木马地雷;清理完成,瞬间瓦解那个顽固的"小我"后,反应就不会这么激烈,而是云淡风轻,轻舟已过万重山,直接跳到无我无私的状态,也就没有什么人事物或话语能引爆你的自尊底线地雷。

○ 胰腺癌

因为胰脏在体内的位置比较隐秘,胰腺癌发生时多半没有症状,逾八成患者确诊时已是晚期或已转移到其他器官,是高度致命的恶性肿瘤,手术很难治愈,死亡率极高,被称为"癌中之王"。

许多名人,如苹果公司创始人乔布斯、男高音歌唱家帕瓦罗蒂、时尚老佛爷卡尔·拉格斐、美国老牌灵魂乐女歌星艾瑞莎·富兰克林、《人鬼情未了》(Ghost)男主角的扮演者帕特里克·斯威兹……都因罹患胰腺癌去世。这些人大多极优秀、成就极高、高度自控自律,也是完美主义者,通常很注重养生,也会去体检,但正因为不易被查出,所以胰腺癌这种"核爆级的地雷"总让人措手不及,即使顶级的医疗资源也难以回天,往往带给这些精英"无法预防与控制,无法人定胜天,只有放手臣服"的生命终极课题。

纽约影评人协会最佳外语片《世界上最糟糕的人》(The Worst Person in the World),片中男主角是知名漫画家,却在女主角离开他几年后就被诊断出胰腺癌——他的高成就与高知名度,依然无法改变他觉得自己是"世界上最烂的人"的潜意识设定。

如果有人是高度自控自律的完美主义者,成就很高,就要去检查自己是否有"要成为极优秀、更优秀的自己,以掩盖自我感觉不好,或是隐藏孤独,高处不胜寒"的木马程序。有"控制狂"心态的人可以"允许"别人打破自己的原则，爆破自己的底线，就当拆除自己"控制狂"的木马违建，清理掉越多，情绪地雷就越少。

○ 便秘

有便秘问题，除了病理原因之外，也检查一下自己是否有"害怕失去"的匮乏感、恐惧感，让身体抓着不放。只要愿意调成"信任生命、信任爱，相信自己圆满无缺，放手后资源还是会回来"的安全感，身体就不会因恐惧而抓着一切不放。

○ 自体免疫疾病

我经常在自律甚严、自我苛责、习惯性自我谴责的人身上看到这类疾病，免疫系统本该防御外敌，却反过来攻击自己，引发白血病、红斑狼疮、干燥症、血小板减少性紫癜、多发性硬化症、类风湿性关节炎、痛风、僵直性脊椎炎、干癣性关节炎、退化性关节炎、骨质疏松症、荨麻疹等自体免疫性疾病。

有位女企业家说看完《人类木马程序》后发现自己有"救世模块"，但我在和她谈话时发现她时不时地苛责自己，所以就问她："小时候大多是爸爸还是妈妈会苛责你？"她想了想说："都没有。"于是我的下一个问题是："过去父母曾发生过什么事，让你印象深刻？"她说："爸妈经常吵架，让我感到无力，觉得自己没能力让爸妈和好，也怀疑自己是否就是爸妈吵架的导火索……"

原来这就是她发展出"苛责自己"模块的缘由，难怪她的口头禅是"抱歉，对不起，这都是我的错"。我归纳出她的木马程序是：

觉得自己不够好→自责→逼自己更努力→以防有人批评自己，因为自己非常在意别人的评价

这个自责木马模块已经让她开始出现自体免疫系统疾病：红斑狼疮。所以我对她说："无论你再怎么努力，再怎么优秀，外在的名利头衔永远无法给你真正的力量。你可以重新修改'都是我的错'的频率设定，以自我接纳取代自我批判、自我谴责，随时提醒自己：'父母吵架是他们的事，与我无关，我没问题，我是有力量的自己。'通过这组新的设定改写未来身心健康的生命剧本。要记得，接下来的一思、一言、一行，都要一一检查：这是哪个版本的自己？是'觉得自己不够好、自责'版的自己，还是'相信一切都好、有力量'的自己？当你又出现'自责模块'，一言以毙木马的句子就是：'我不再自责，我现在可以重新设定新的反应……'"

她问我："我应该不像老师您这么厉害，可以那么快抓到木马吧？"我马上反问她："请问，这是'有力版'的你说的？还是'无力版'的你说的？"她瞬间就明白了。

还有一个朋友的案例也很特别：她对邻居装修施工时使用的油漆和胶过敏，只要一闻到就会马上呕吐、晕眩、意识不清……多次跟对方沟通都没改善。当她和家人说起这个情形以防未来发生万一时，她母亲却对她说："那是你的错，怎么整栋楼其他住户都没事？谁叫你的体质这么差……"她乍一听很生气，跟我抱怨怎么会有这种落井下石的家人，后来我协助她深挖原生家庭负向木马印记，才发现她母亲就是"自责型"导致"免疫系统"出问题，而所谓的"体质"也正是父母传给孩子的，怪罪孩子其实是绕了一大圈地怪罪自己。只要她看明白了，就能决定不接演这个"自责"的剧本，或许她可以直接回应母亲："这不是我们的错，对方使用有毒的漆和胶本来就会伤害身体，即使其他邻居没立刻反应，也不代表他们未来没事，更何况这对正在施工的工程人员已经产生更直接的伤害，住在有毒的漆和胶装修的屋子里，或是坐在有毒气的新车中，不到半年就引发癌症的例子不少——不要动不动就说是自己的错，如果把'明显是别人的错'背回家'自责'，很容易造成免疫系统的问题。"如此她就能抛弃"自责→免疫系统问题"的负向木马印记了。

所以停止愧疚感、觉得自己不够好、不配感、惯性自责、自我攻击、自我毁灭，就能减少免疫系统问题的产生。

脊椎问题

除了病理原因、受伤或长期姿势不良导致的颈椎、胸椎、腰椎、尾椎等脊椎问题之外，自己想做的事、想完成的目标和梦想太多，或是心里背负的担子过重身体负荷不了，也容易有颈椎、胸椎、腰椎、尾椎等脊椎问题。我在《人类木马程序》一书中提过自己腰椎受伤差点开刀的例子，大家也可以去翻看参考。

关节问题

记得一次课堂上，有位五十多岁的同学提到，她的关节一直有各种问题，看过各大中西医都没有很大的改善，她问我这是怎么回事，可能藏有什么木马程序。我直接问她："当你走不动的时候，你希望谁来背你？"她突然愣住，然后大哭起来："妈妈！"原来她小时候为了让母亲多背自己一会儿，经常"假装"脚痛走不动，母亲过世后，她的脚居然"真的"开始出问题。她没意识到这跟小时候的印记有关，直到被这个木马金钩拉出了深藏多年的核心木马，然后一言以"毙"之——她说出来后顿悟了自己关节问题的缘由，于是我对她说："现在你母亲已经不在了，如果你走不动，也不会有人来背你。你已经五十多岁了，可以长大了，靠自己站好、走好，不再需要有人来背你，你可以解除'弱化'自己的膝关节、等妈妈背你的设定了——我知道你心中舍不得母亲离开，但我相信你母亲一定希望你能健康地过好自己的生活，不是吗？"

以上这个案例，跟我带欧洲艺术之旅时的团员G颇有相似之处。当我带团参观完当地知名艺术墓园，正准备上游览车时，G虚弱地走过来跟我说："不知道为什么，我的脚突然软了，完全没力气……"我问她："你人生中感到最无力的时刻是什么时候？"她突然大哭，几分钟后才说："上个月，妈妈过世的那天，是我感到最无助、最无力的时候……"

这让我想起在三年前也有类似的对话，学生问："老师，我父亲已经过世十多年了，为什么我还是很恨他，无法原谅他？"我问："你抓着对父亲的恨不放，有什么好处？"她的反应也是突然大哭，说："这样我就会觉得他没有离开我……"所以当我们的心灵有巨大创伤未被疗愈，就会反应在身体上，或是藏进潜意识、无意识中，操控我们的大脑程序。

还有一个经典的案例：有位艺术家说他的脚踝过去经常扭伤，最近居然梦到自己脚踝又扭伤，问我这个梦该怎么解。

我问他："你印象中第一次脚踝扭伤是什么时候？"
艺术家回答："是在初中升高中时。"

我接着问:"那第二次呢?"

他想了一下:"应该是在高中升大学时。"

我说:"你发现这两个时间的共同点了吗?都是你从某个阶段到另一个阶段的交界时。人体的直立面与地平面的交界处不就是脚踝吗?你每次遇到'人生转折时'就容易出现'脚踝扭伤'。那么,你最近又面临'人生转折的交接点'了吗?"

他回答:"是的,最近公司正在转型……"

我说:"你正面临'转型的压力',所以梦在提醒你要勇敢改变。如果你的心想飞跃,身体却因为害怕而留在原地,就很容易因'身心步调不同'的拉扯而扭伤。所以要让自己的心与行动协调一致,谋定后勇敢行动——改变本身不会痛苦,抗拒改变才会。另外,让我们来深挖'脚踝扭伤'背后的木马程序,我再问你:当你脚踝扭伤后,你都会在哪里,做什么?"

他回答:"躺在床上动不了,最高纪录是躺过一个半月,什么都没法做,只能想事情……"

我说:"所以你还有另一个课题:在阶段与阶段之间,请留给自己一点转换、休息、反思人生的时间,否则身体就会以这种方式逼你'中场休息'。"

还有一位木马教练班的学生,她说每次遇到公司提案大会要交报告前,手腕就会突然剧痛,去看过医生,但查不出什么病因,想知道背后藏有什么木马程序。

我问她:"提案前,你最害怕什么?"

她说:"怕失败!"

我说:"所以身体配合你演出:每当你感到恐惧、害怕失败时,你的手腕就会开始痛,如果提案大会后结果是失败的,你就可以怪身体'那是因为手痛影响了我,所以才表现不好',让你'预期'的失败得到借口,你就不需要直接责怪自己,这其实是一种保护机制。我接下来要问的是:你小时候,有过手腕疼痛的经历吗?"

她回答:"有,小学的时候。"

我又问:"你能否回想一下,是发生在什么时间点上?"

她回答:"记得有一次交期末作业前,我的手腕突然剧痛,跟妈妈说了之后,她就要我快去休息,不要再熬夜写了,她明天会跟老师说让我晚几天再交……"

我说:"这极有可能就是你的木马程序:面对交作业、提案的压力,怕交不出成果,怕失败,于是引发手痛,让自己可以休息(身心减压)。所以你可以决定,以后还需要每次都引发'手痛'来让身心减压,还是彻底根除'以作业成绩或提案成败决定自己的价值'的木马程序。只要根除了木马,压力投影源就会关闭,之后就不再需要'以身痛解心压'的模块了——心不通则身痛,心通则身不痛,看到这个方程式后,就让自己决定未来怎么调整吧。"

○ 肌肉萎缩

有一年我在巡讲时,教室里有个同学问我,说他的肌肉萎缩很厉害,现在已经坐在轮椅上了,看了许多医生都没有明显改善,这可能会是什么木马藏在他的生命底层。

我问:"小时候你遇到哪件事,让你感到自己没有力量,有很深的无力感?"

他想了一下,说:"我记得上小学时,有一次我待在自己的房间,隔着落地窗突然听到爸爸在阳台上打电话,我居然听到他说'宝贝,我好想你,我等一下就过去找你',然后爸爸就出门了。我没想太多,就直接出房门跟妈妈说了这件事,结果爸爸回家后,妈妈跟他大吵一架,之后两人就吵个没完,最后他们离婚了……我觉得都是我的错,我不该出房门多嘴跟妈妈讲这事……后来我发生肌肉萎缩,开始不良于行,出入都得坐轮椅,所以没事时我都会待在房间里……"

我说:"你自己回顾完,就应该明白这件事与你的身体关联在哪了吧。就算肌肉萎缩是先天基因造成的,但参照《信念的力量:基因以外的生命奥秘》作者布鲁斯·立普顿的说法：'DNA能被个人的信念操控。'也就是说，就算你有这个基因，但如果不以相同频率的信念启动它，极有可能会有不同的结果。所以你可以'重新校准'之前这件事：就算你没去跟妈妈说，感情早已不睦的爸妈，离婚也是迟早的事，所以绝对不是你的错，你不需要自责，不需要带着负罪感、无力感来让自己'不良于行'，更不要潜意识以'肌肉萎缩'来惩罚自己，或是无意识想通过这种病，期望爸妈能重归于好，一起合力照顾你……你可以为自己重设人生方程式：'我的身体状况并不妨碍我内心拥有强大力量，我无须再背负爸妈的问题让我未来的人生泥泞难行，从现在起，我决定拥有全新版本、有力量的自己。'"

咬或剥指甲旁的皮肤/咬嘴唇

若有这种状况，要随时检查自己是否有焦虑、烦躁的情绪，潜意识是否有自残、自毁、觉得自己不够好、不值得活的想法或念头。如果有，请尽快调整，否则影响到的就不只是指甲或嘴唇，还会伤害到身心和生活的其他方面。

抑郁症

"想成为别人眼中更好的自己"与"真实的自己"之间的落差，就是心灵受苦的深渊。

除了生理原因、外部干扰之外，忧郁、厌世还有一种可能，就是现在的身心已经无法承载"想成为更好的自己"这个既虚幻又沉重的目标，因为他/她对自己永远不满意，总是看不到自己的成就，久了就足以把"真实的自己"压得喘不过气来，甚至快被压垮了。查杀木马后，就能立刻减轻压力，清除"想把自己杀死"的错误程序，这样才能恢复原厂设定的真实。

曾经有个讨论度很高的新闻事件：一个被父母弃养卖掉的男孩，养父母因爆炸意外过世，他开始寻亲，后来也真的找到亲生父母，但他们早已各自重组家庭，也有各自的孩子，所以都不想要这个男孩，让他感觉自己被"第三次弃养"(包括之前养父母骤逝)；他还曾被同学霸凌，被老师性侵……新闻传开后，这男孩居然被许多网络暴民攻击，批评他向父母要钱、要房子、炒作。心灰意冷的他最后选择吞药自杀，年仅十七岁(也有人说是十五岁)。我去看了他的微博，留言中还是有许多善良人士愿意给他提供住处、工作与帮助，但他内心已经伤痕累累，暴民讽刺的话语就像在他未愈的旧伤痕上补更多刀。如果他身边有智者协助他脱困，也许悲剧就不会发生，比如跟他说："你比其他被照顾得更好的孩子更强大，因为你可以把自己照顾得很好，你不需要去找'家'，你可以创造家，以你的能力与信念，可以号召更多有相同经验的人来创建'中途之家',让很多失去亲人的孩子得到照顾,学会独立,互相扶持。"

近年来一直都有网络霸凌导致自杀的案例。我们的确无法防止这些网络暴民的出现,因为在他们的原生家庭里极有可能也有动不动就批评他们、讥讽他们,或者冷嘲热讽对待他们的人,他们以为这就是人与人的互动方式,打着"这都是为了你好"的大旗。等到他们长大后,如果这个负向木马印记没解除,或是没通过"己所不欲,勿施于人"的反向转换频率改变,他们就会到处找机会嘲讽周围的人,到处留负面评价勒索店家,或是匿名攻击名人以发泄内心的不平衡,殊不知这样做已经让自己置身负向频率中,看什么都带刺,自己也变成刺猬、仙人掌,身边的人退避三舍、敬而远之,这才是孤独寂寞命运的开始——当他们发现自己已经没什么朋友,感到匮乏和愤世嫉俗,就会怪原生家庭,怪世界,最后怪自己。甚至还有案例是等父母老了以后,这孩子也会以"这是为了你好"的方式孝顺之,将"怕父母不在就失去依靠的焦虑控制的频率"完美复制下来。

我们可以看到,不同的人面对暴民的反应大不相同:有的人用高情商化解,把暴民变铁粉,有的人则是与暴民互杠互告,不知不觉把自己弄得面目狰狞……这也刚好用来检查自己是否还有"不自信""在意别人的看法""争"的木马未清除。

○ 受伤

父母越恐惧孩子受伤，其焦虑的负向频率印记越容易感染孩子，甚至真的"创造"了受伤的实相。还有一种状态是潜意识或无意识"创造"了受伤的剧情，让身体可以借机休养。

○ 妇科问题：乳房、子宫、卵巢、盆腔

女性器官包括乳房、子宫、卵巢，有时盆腔也会受到影响。我将曾有过这些病症的个案循线找到原生家庭木马的轨迹整理如下。

*乳房问题：

来找我的女学生，若有胸部的问题，如乳腺炎、乳房结节、乳腺癌……平常多半都有压抑自己情绪的情况，特别是对自己的伴侣有过不满、愤怒没有疏解。所以，如果自己对前任、现任还有恨意或不平衡的怨气，可以身体与心理双管齐下，多按摩疏通经络，并在心中以爱化解过去的怨气，使之不再成为未来的新病因。

*子宫、卵巢、盆腔问题：

例如痛经、盆腔炎、子宫内膜异位症、子宫肌瘤、子宫或卵巢癌症等。

曾有三位女企业家学生分别找我查杀木马,她们来自不同地方,背景也各不相同,却有类似的原生家庭模块:她们都是在重男轻女的家庭长大,从小母亲就跟她们说:"男人是靠不住的,要靠自己,要自救、自立、自强。"有些还伴随着母亲被父亲家暴却隐忍的情况,她们逼自己强大起来保护妈妈、抵御爸爸。还有一个共同点,就是她们的事业心都很强,这当然没有任何问题,问题在于她们潜意识设定成"女人是弱者",所以自己要活得像男人,结果她们三位都有妇科问题:不是子宫肌瘤、子宫肿瘤,就是卵巢癌,而且子宫或卵巢都被切除了,符合自己潜意识或无意识中"不想当女人"的设定——否定女性特质/女性器官,伤害自己的女性器官,造成了"得病以移除"的事实。

所以我强烈建议,如果你的原生家庭也有这种情况,请务必解除潜意识设定,要改成:作为女人也可以活出生命力,也可以自主有力量。就算父母更爱哥哥或弟弟,我们最珍爱的依然是自己。作为被"轻视"的角色,我们还能获得属于自己的礼物,那就是:虽然从小活在不公平的环境中,但我们可以提前学会看见自己的价值,相信自己、尊重自己、爱护自己,不必争、不比较,反而会比兄弟们更快成长起来。

如果比较年轻的学生有痛经问题,而且有兄弟姐妹,我就会问一些标准问题。如果她感到家里长辈(爸爸、妈妈、爷爷、奶奶、外公、外婆等)重男轻女,我就会协助她清理印记,也会请她去看纪录片《姐姐》,通过这部讲述龙凤胎家庭重男轻女的影片,练习思考:如果自己是影片中的姐姐,该怎么不被"强烈烙印"负向印记。

比较极端的"重男轻女"个案,是一位年约三十五岁,子宫和卵巢癌晚期的女性。她来找我时子宫和卵巢都已经被切除了,但癌细胞转移到了盆腔。我跟她见面时,她已经骨瘦如柴,后来和她进行深度访谈后我发现,她的原生家庭有"重男轻女"的负向印记——她听亲戚转述,当她还在妈妈肚子里时,妈妈就经常跟爸爸吵架,妈妈想拿掉她,所以她在母亲子宫里就被种下"害怕活不了"的木马,导致她潜意识觉得自己不值得活下来,从小就有厌食症。她的病会发生在子宫、卵巢这样的女性器官是很容易理解的,因为这里是她最早被刻印上恐惧的源头,甚至直到子宫、卵巢切除后,这负向印记还在发挥作用,继续在她的盆腔引发癌变。她自述可能因为自己是女性,所以父母想拿掉她,这或许是她的身体开始创造"拿走女性器官"的疾病频率,这样就可以变成男孩,父母就会重新爱她。

但自从她生病后，经常对身边照顾她的人发脾气，我问她："你真的想活下来吗？"她回答："想！"我说："非常重要的是，千万不要拿自己的身体健康报复父母，也不要愤怒吼开身边关心你的人，如果你已经决定要过新版的生活，可以用想象的方式，把旧版的自己移除，换一个全新版本的自己……你可以重新找干爸干妈，我也非常愿意做你的姐姐，让你暂时与原生家庭父母的旧印记脱钩，重新建立第二次生命……可以的话，我想给你两个具体可行的练习。"

- 每天到大自然里，趴在瑜伽垫或草地上，想象自己肚脐有一条新脐带，连接到地球内部大地母亲的子宫中心，同时让太阳晒脊背，让阳光射入每一节脊椎，重新活化生命动能，恢复生存意志力，并想象自己把这台中毒的旧计算机彻底消灭，直接组装新的计算机：以天为父，以地为母，用这种方式重新降生。

- 以"新计算机"的频率开启新的生活，之后若又跑出任何想法，先检查是新计算机还是旧计算机发射出来的。如果是旧计算机，就直接销毁，换成全新计算机频率，内建无条件的爱、安全、信任、健康、自信、力量、快乐。吃饭的时候，如果又不想吃,就直接问自己:这是新计算机还是旧计算机的频率?

我让她这样先练习七天试试看,她听了很高兴,但下一秒就突然从我对面坐到我旁边跟我说:"姐姐,你看,我这里开过刀,我那里痛……"我马上告诉她:"你不需要跟我或身边的人抱怨、诉说,制造自己这里痛或那里痛来让我们关心你。你潜意识或许以生病的方式,想让父母同时来关心你(过去也有很多次成功的例子),但这不是真相,而是不断制造疾病的源头频率发射器,'以病赢得关爱'的模块会为你继续创造应接不暇的病痛,所以清除原生家庭的负向印记是非常重要的。无论你情况如何,我们永远都会无条件地关爱你,但我希望你要全力聚焦在自己的康复而非疾病上。改成以'康复/健康'的方式来说话,以'活'的方式活,不要再以'死'的方式活,好吗?"她说:"好!"

我还遇到过一个"重男轻女"的反例,是父母过度偏爱造成的妇科问题。这名年约四十五岁的女性已经因癌症切除子宫、卵巢,目前癌细胞还扩散到大肠、肝、胰脏,部分大肠也被切除。我问她小时候印象中,父母做的哪件事让她感到很受伤。她说:"小时候因为父母比较疼我,哥哥很嫉妒,经常趁爸妈不在家时重重打我,有一次还把我摔到门板上，导致我的鼻子和嘴都撞伤流血，门还因此被撞出一个大洞。但我妈一进家门，第一时间却关心'门撞成这样还能修吗'，这让我很受伤，觉得自己还不如一扇门有价值，从此，我再也感觉不到家人的爱，也失去了活下来的意义……"

她不知道自己这一连串妇科疾病的自毁程序，与这个撞门创伤事件息息相关。我写出这两件事相关的方程式给她看，她很惊讶，并提到她现在有两个女儿，小女儿比较漂亮，比较受她宠爱。有一次她看到六岁的大女儿在打三岁的小女儿，气急败坏地把大女儿毒打一顿；但如果是小女儿打大女儿，她还会骂大女儿怎么不让着妹妹一点儿。我跟她说："千万不要让上一代的'偏心'模块继续烙印伤害下一代，以免大女儿继承你自毁女性器官的负向印记……"然后我请她一定要跟母亲、哥哥说出当时那件事对自己造成了多大伤害，之后她就可以选择原谅他们、释放自己，否则她心中的恨会持续伤害自己的身体健康；此外，我请她回家后一定要找时间跟大女儿道歉，让悲剧到此为止，不再代代继承。

我还看过几个得了子宫肌瘤，或盆腔发炎的个案，她们的共同点都是在亲密关系上有过不愉快的经历，导致对"性"有罪恶感、恐惧和排斥。如果她们夫妻间亲密关系有问题，其伴侣有些也会伴随着出现前列腺的问题。

以上是我通过疾病案例的线索，查找她/他们"原生家庭负向木马印记"的过程。这并不代表有这些病症的人都有同一种原生家庭木马快筛，但通过深究疾病或意外，我们可以挖出藏在自己潜意识或无意识层面的木马投影源。

5个问题，搜索出深藏在你潜意识与无意识里，损害身心健康的木马

以下列出我给木马教练班同学提的五个问题，请先找几张白纸写下自己的答案后，再看我的分析。

1. 谈到健康，你的第一个念头、情绪或画面是什么？

2. 未来会有离开世界的一天，请问你觉得自己（也可延伸到家人、友人、伴侣）可能会以什么方式（例如什么病，或是哪种意外）离开？

3. 列出自己的身体曾出现过，或是现在出现的主要问题，然后试分析可能源自原生家庭或幼年的哪个经历？试想，如果自己的这种木马频率不改变，将来可能会出现怎样的情况？

4. 你印象最深刻的记忆中，身边的家人、亲戚或友人，曾出现过怎样的身体疾病或意外？试分析深度的木马原因。

5. 你更怕（1）死时钱没花完，还是（2）钱花完了还没死？

等你回答完这五个问题，我们再来搜索深藏在潜意识或无意识里，损害身心健康的木马，并帮助自己清除不当的身心信念。

1. 谈到健康，你的第一个念头、情绪或画面是什么？

凭直觉写下这道题的答案后，看一下，你内在是否藏有"诱导"疾病的导航系统。我将木马教练班同学对这问题的答案，初步整理分类如下：

- **保健食品、保险：** 其实买保险、买保健品不是问题，问题是带着什么频率买？是害怕自己会得什么病，还是害怕自己会因为生病造成什么结果？是不信任身体免疫力能自愈、修复自己吗？你买保险或保健品的负向心态频率，可能才是形成疾病木马程序的关键源头。

  例如当我们不幸生病，或者发生意外，可以申请保险理赔金时，会不会觉得自己赚到了？这样反而会建立"发生意外或生病就能赚到保险金"的信念设定，或者可以反问自己：如果终生都很健康，到最后完全没用到保险金，会觉得亏了吗？这都算是同一种木马问句。

恐惧、不信任自己的内在频率，才是身体不健康的预设定或核心原因，跟"做不做什么""买不买什么"没有太直接的关联。这些恐惧、不信任自己的频率会造成金钱破口，无止境地买各式各样没必要的医疗保健品，却还是觉得自己不健康。

- **体检**：有人害怕去体检，其核心木马可能是"害怕死亡"，而且潜意识已经预设了"一去检查就会查出重大疾病"，这种恐惧的频率要尽早面对和处理，才能彻底拆除将来会制造疾病与意外的木马地雷。

2. 未来会有离开世界的一天，请问你觉得自己（也可延伸到家人、友人、伴侣）可能会以什么方式（例如什么病，或是哪种意外）离开？

你凭直觉写下的，可能就是你潜意识或无意识的预设，要注意自己是否有往那个设定靠近的迹象，并深究如果自己就这样死了有什么好处。这可能是你潜意识或无意识一直往这方向靠近的原因，也可能是一代一代以同样原因过世的缘由——在自我暗示后，前往"即将成真，实现预言"的途中，我们还来得及觉察并重新修正。

我将木马教练班同学对这个问题的答案，初步整理分

类如下:

- **癌症/中风/须长期卧病在床的疾病或意外/渐冻症/阿尔茨海默症/不良于行要坐轮椅**:要追问自己的问题是,你希望谁来看你或照顾你?通过这个问题就可以知道自己可能怕孤独,或是与谁的人际关系、情感有未完成的课题待处理。要记得,不怕孤单才不会索求爱,不怕死才敢自由做自己。
- **心脏病/意外突然死亡**:有人是怕痛,有人是怕花太多钱治病,有人是怕耗费太多时间在医院里,有人是怕没有尊严,或是怕拖累家人……这些都是"害怕没有什么,或害怕失去什么"的负向频率产生的"默认突然死亡"的木马设定。
- **美满、幸福地离开**:有完美主义倾向,不喜欢自己以不完美的样貌示人,因此形成焦虑的频率,可能会有"以英年早逝、红颜薄命的方式避免自己年老丑陋被看到"的预设定,有些可能是意外、自杀,或是潜意识不想活下去制造出来的不治之症。三岛由纪夫曾说:"人活到四十岁就好了,我不想死去时,灵魂模样看起来老态与丑陋。"最后他真的在四十五岁时切腹自杀,来实现自己"青春早逝"的设定。

3. 列出自己身体曾出现过，或者现在出现的主要问题，然后试分析可能源自原生家庭或幼年的哪个经历？试想，如果自己这样的木马频率不改变，将来可能会出现怎样的情况？

我记得小时候，当时妈妈大约四十六岁，她经常跟我说，女人到了四十六岁就会变得很老，身体和体能都大不如前。当时的我以为是真的，所以大学毕业后拼命工作、存钱、旅行，生怕自己到四十六岁就走不动了，所以这种"焦虑"的原生家庭木马印记，其实在某些方面也有正面影响，就是让我积极地工作与旅行。

我记得自己在未清除"衰老"木马之前，听到"健康"两个字，第一个跑出来的想法是"得花钱才能去除疾病，保持健康"，这个"焦虑自己会衰老"的木马对我产生的负向影响是，我从小就有各种病，如气喘、感冒、支气管炎、肠胃炎、肠躁症、皮肤过敏、抑郁症、腰拉伤……我平均每年跑医院十多趟。后来我发现"四十六岁就很老"这个木马早就对我产生强大的负向影响，每当我听到别人在咳嗽，即使他在千里之外，我都会启动"恐惧"的感觉，仿佛自己下一秒就会得支气管炎……我花了很多时间、很多钱，帮自己清理、治疗各种潜意识制造的疾病，所以我的金钱破口就是"觉得自己越老越不健康"的焦虑。

觉察到这个强大木马造成的焦虑、压力会加速自己的衰老，我就决定不再制造各种疾病来符合自己"四十六岁就很老"的设定，我将设定改成：如果我活到两百岁，那么现在三十多岁的我还在青少年时期。同时我也设定自己的心态是逆时逆龄的，越活越年轻，从看起来最老态的三十八岁开始，我每年定期去闭关、净化、排毒，然后就真的一路逆龄。而且我不想做美容整形，因为我相信意念设定自己的心态青春不老，比买保养品或带着焦虑去做整形手术更有回春的效果。所谓的意念设定，就是我怎么看自己，怎么认定自己，就会变成怎样的人。所以如果有人说自己三十岁就老了，四十岁就老了……他们正在选择活出自己的衰老，而我选择年轻版本的自己。

我们可以检查一下，过去一到三年，甚至更久以前，是否在社交媒体平台上分享过自己受伤、生病、去医院看病的照片。如果有的话，请看一看这些分享的留言是什么，你的回应、感觉又是什么。我会提到这点，是因为脸书有自动回顾功能，每天都会回传一则几年前的当日自己发表的内容，当我看到过去经常贴"在医院挂急诊、打点滴，或是去医院做复健"的照片，就会反思自己当时在贴图文时，潜意识希望朋友们来关心我，但正因为这个"希望被关心"的木马，让我无意识持续制造各种意外或疾病。所以如果身边有亲友一直在分享自己哪里痛、哪里病、哪里受伤、哪里又要开刀的内容时，我就会提醒他/她检查一下，自己期待谁来关心，谁来留言。是不是"缺爱"的木马模块让自己不断制造疾病，不想太快康复？如果是这样，就要尽早让自己恢复自爱健康的频率，给自己省下医药费和奔波在医院的时间。

我曾在脸书的粉丝专页写过这段话来提醒自己：

四十岁之前要活出"双倍龄"
例如：
二十岁要活得像四十岁般自信独立
三十岁要活得像六十岁般慈悲智慧
四十岁要活得像八十岁般了悟生死

过了四十岁就要逆转成"对半龄"
例如：
五十岁要活得像二十五岁般青春好奇
六十岁要活得像三十岁般冒险无惧
七十岁要活得像三十五岁般充满活力

换了设定/决定之后，我一听到"健康"两个字，脑中就浮现出"我可以到处跑跑跳跳、环游世界",这表示我已经清除了"衰老"的木马设定。此外,我会随时检查自己,如果感到身负重担,负面情绪压得自己喘不过气,我就会勇敢放手,随时卸除旧版的自己,更新为年轻的心态,换个新心情周期,大胆跳进新版优雅的生活。这样就能活出百变喜悦的人生版本,这也是我常葆青春的秘诀。

4. 你印象最深刻的记忆中,身边的家人、亲戚或友人,曾出现过怎样的身体疾病或意外?试分析深度的木马原因。

几年前,我母亲也有各种疾病,特别是免疫系统的问题,例如"不明原因血小板减少性紫癜",我发现她一向自律甚严,很怕麻烦别人,经常自我苛责,所以她的免疫系统反向攻击了自己的身体细胞。我请她改变自责的惯性思考,后来她的血小板减少性紫癜奇迹般康复了。

有时候我们也要观察一直多病的家人,他们是否有"不断生病以吸引家人关心照顾"的木马?如果父母有这种情况,建议子女要经常主动关心他们快不快乐、健不健康,这样他们就不需要通过制造不必要的疾病或意外,来达到"在医院团聚"的目的。

5. 你更怕（1）死时钱没花完，还是（2）钱花完了还没死？

选（1）意味着现在可能已经因"多赚钱"损害了健康。

选（2）表示对金钱匮乏的"担忧"会造成健康问题，例如焦虑症、恐慌症、精神官能症、自律神经失调、胃痛、心脏问题等等。

千金难买早知道。通过以上五个问题，希望你可以顺利搜索出深藏在潜意识或无意识里"损害身心健康"的木马地雷，早清除、早健康！

第四章

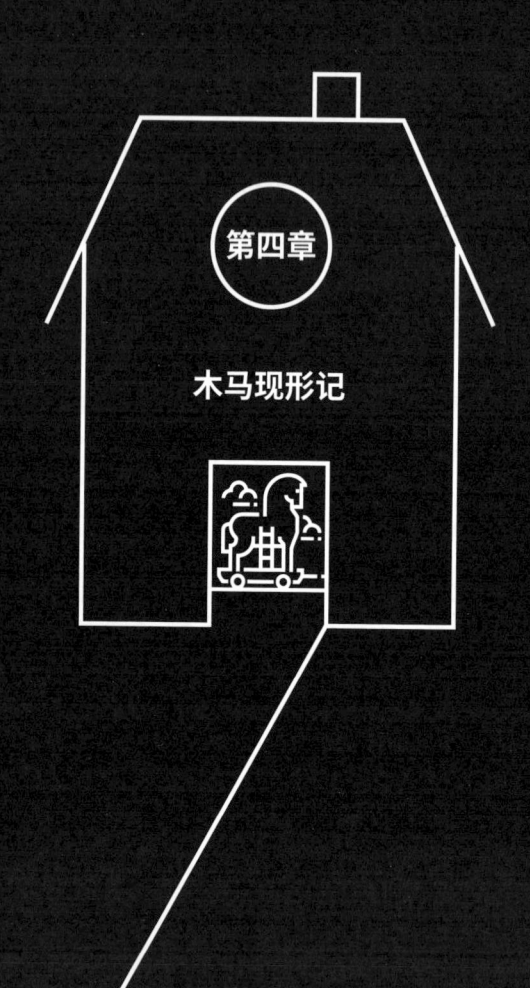

木马现形记

除了之前提到的"三个步骤破解原生家庭负向木马印记",我再提供木马教练课上,带着同学们当场破解自己木马程序的五种"临时抽考",也可视为"侧翼游击木马"的路径。以下通过五个部分一一讲解。

"自己喜欢的电影、歌曲、书籍……"

我在《人类木马程序》中提到,木马程序可以从我们过去难忘的记忆中浮现出来。大家可以先列出印象最深刻的电影、戏剧,或是小说的剧情(请不要去看官网的剧情简介),写好之后,再看我以下的解析。

2021年我利用巡讲的机会,请同学们在课堂上写出自己最喜欢或是印象最深刻的电影,并写出剧情简介,然后我当场破解他们的木马程序。举例如下:

写《盗梦空间》(Inception)、《星际穿越》(Interstellar)的同学,大部分可能存在的木马是:现实生活遇到困境或压力,心情苦闷,不知怎么脱困,于是寄情于另一个次元,无论是梦境还是外层空间。

写《肖申克的救赎》(The Shawshank Redemption)的同学,大部分可能存在的木马是:无法改变现状的无力感,被"无法逃脱"的限制捆绑住,一直想要自由、出逃。

我们可以将目前沉迷的电影、电视剧,对照过去喜欢看的类型,再根据主角(或自己认同的某个角色)的性格设定,很容易就能推论归纳出与自己同款的剧本设定/设限是什么,特别要辨认出不合逻辑/常理的剧情,然后直指自己的核心木马。

"座右铭、口头禅、负面词汇/行为"

没有情绪哪来的戏？情绪来时就问自己：那么想演，在演哪出呢？别再给自己加戏，除非真的很爱演。

我在《人类木马程序》中提到：座右铭、口头禅、常出现的负向频率情绪字眼或行为，也是瞬间搜索出木马程序的线索。有一个个案，在跟我讲述完自己原生家庭的故事后，突然说了一句"难行能行"，我很惊讶地说："原来这就是你的设定啊！难怪你总是遇到重重困难。我的设定是'顺天道易行：天道酬善不酬勤，善良才是天道的频率'，如果你觉得累了，不想再过阻力重重的坎坷生活，可以试试每天写'顺天道易行'，至少连续二十一天不中断，最好能坚持三个月，直到你真的相信为止，这样可以让你的脑神经建立新的回路来取代旧的联结，就像是建一座高架桥来避开地雷区。"

"对自己姓名的诠释"

父母把我们带到这个世界上，其实他们最重要的任务就算完成了，接下来就要自己设定想过怎样的人生，怎么过好就全是我们自己的责任了。身体和名字虽然是父母给的，但我们可以用独特的方式自我定义，就算有人跟我同名，只要我活出这个名字里最独特的版本就够了，一旦否定了自己的名字，也就等同于否定了自己的人生。

其实名字本身不大会有什么问题，问题在于当事人自己对名字的定义，别人给这个名字的定义/谐音/绰号也会影响当事人对自己的看法。每个名字最初都被赋予了父母的期望，但有趣的是，在我的数十场巡讲中，每当我问："你们喜欢自己的名字吗？"现场大部分人都不是很满意自己的名字。然后我接着说："我们往往会先活出名字的反义，然后才会活出名字的意义。比如我的名字叫'欣频'，顾名思义就是'快乐的频率'，但我的童年、青春期都非常忧郁不快乐，直到三十五岁去印度旅行之后，我才开始找回自己快乐的天性。"大家看了自己的名字之后，都点点头表示同意。

在电影版《哆啦A梦》中，大雄抱怨父母为何给他取这个名字，他觉得自己完全配不上这么"伟大"的名字，后来哆啦A梦带大雄坐时光机回到他出生的那一刻，大雄听到父母对着还是婴儿的他说"希望大雄未来是一个勇敢的孩子"，他才明白，原来当初父母取这个名字不是为了诅咒、嘲讽、羞辱自己，而是带着真心满满的爱祝福自己，于是大雄就从"讨厌自己名字"的信念中解脱了出来。

我还遇到过一个自以为已经"正向解读"自己名字的人，但其实他刚好是被"自己对名字的定义"绑住的案例。曾经有一位记者电话访问我："请问用什么方法，才能让自己变得更有创意？"我回答："创意，不就是要抛掉'方法'吗？就像有人问埃隆·马斯克会给创业者怎样的鼓励，他回答'需要鼓励的人就不要创业'，道理是一样的。"后来我瞄了一眼手机的来电显示，他的名字里有"方"这个字，于是我问他："你对自己名字中的'方'有怎样的定义？"他回答："从小父母就希望我规规矩矩。"我说："你被所谓的'规矩、框架、方法'绑住了，所以才会问'用什么方法才能让自己更有创意'，但创意正是要突破'规矩、框架'才能自由不设限……"他接着问："那我们该用什么'方法'，才能打破这些'框架'呢？"我说："你可以回想一下自己刚刚问的问题，有没有矛盾（以己之矛、攻己之盾）之处？"他想了想，说："是的！'方法'本身就是'框架'，就是'限制性信念'……"我说："对，要破木马就是这么简单，你只要把接下来的所思、所言、所行，都先仔细检查一下：这是'符合'框架，还是'打破'框架?每一次都通过高度觉察来重新决定自己的下一步,才能真正改变未来的人生版本。"

我有个学生,名字中有"萍"这个字,她解释为"萍水相逢"的萍,问我会不会就是这个"萍"字,让她一直遇不到愿意确定下来的对象,她需不需要改名。我说:"你自己这样定义、设定'萍',当然就会投射出这样的关系、剧情、角色设定;我对'萍'的定义是'与伴侣随心所欲地旅居各地,所到之处都是家',请问哪一种定义令人更自由、更快乐呢?所以,如果你觉得名字造成了自己在某方面的限制与障碍,可以去找没有木马问题的友人帮你重新修改'定义',或是自己在愉快的音乐中,将手放在心轮处,温柔轻声地一直念自己的名字,然后一只手带向上面三个脉轮[1]:喉轮、眉心轮、顶轮,另一只手带向下面三个脉轮:脐轮、腹轮、海底轮,反复多念、多做几次,直到欣然接受自己的名字为止,这就是'校准回归'。"

---

1 脉轮(梵语: चक्र Cakra),字根源自"圆""轮子",意译为脉轮或气卦,在印度瑜伽的观念中指分布于人体各部位的能量中枢,尤其指从尾椎到头顶排列于身体中轴者。脉轮分为"三脉七轮",三脉指中脉、左脉及右脉;七轮指顶轮、眉心轮、喉轮、心轮、脐轮、腹轮、海底轮。

"绕过表意识，直接揪出潜意识或无意识设定的直觉画"

前几年我在上线下课时突然来了灵感，我请同学们在一张白纸上随意画出我指定的主题，然后我通过每个人画的图，破解藏在他们潜意识或无意识里的木马设定。就这样实验了二十多场，我和在场同学都发现这种"绕过表意识，直接揪出潜意识或无意识设定的直觉画"木马破解法真的很说明问题。所以我把几个"直觉画"的主题，以及特殊案例整理在这个单元，建议大家先针对以下五个主题画出自己的直觉画，然后再参看我的案例破解与分析。

一条线： 在一张白纸上，随意画出一条线，然后在这条线的两侧写出关键词，并标明线的起点与终点。

自画像： 在一张白纸上，画出自画像（不要对着镜子画，也不要看着自己的照片画），随意画出自己的样子就行，不必担心画得不好，因为那和我们要分析的内容无关。

一叶之"揪"： 在一张白纸上随意画出"叶子"。

窗与自己： 在一张白纸上画出"窗户"与"自己"。

家的配置图：画出心目中家的配置图，跟你目前住的房子空间结构不一样也没关系。

通过直觉画揪出木马

上述五幅直觉画都完成之后，可以参看我破解个案画作，揪出木马的示范。

◐ 直觉画主题一：一条线

1. 先研究线的方向与形式

➡如果是向上的直线，要看一下自己是否有"要成为更好的自己"的木马。

可以检查自己是不是有这样的倾向：只要有一叠白纸，就总是想把它们写满；有空白的日程安排表格就想用工作填满它，因为一有空闲时间就觉得有罪恶感，不允许自己有休息的空档。

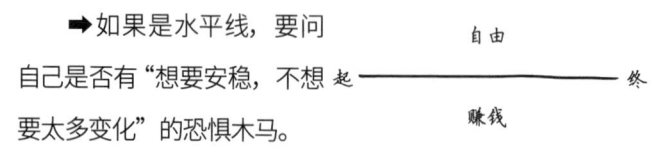

➡如果是水平线，要问自己是否有"想要安稳，不想要太多变化"的恐惧木马。

➡如果是向下的直线，要问自己是否有无力感或想放弃自己的念头。会不会是自己活得太用力，或是太在乎别人，以致失去弹性了呢？

➡️如果是竖直线，表示有两个对立的自己，经常产生矛盾。可以看一下，线的左边、右边各写了什么关键词（概念），自己是否正被这两个概念拉扯，纠结其中。

➡️如果是波浪起伏的线，看一下是否为自己设定了"高低起伏"的戏剧性人生。

➡️如果是纠结缠绕的线，要问自己是否经常很纠结，反反复复、犹豫不定、改来改去……还要检查一下，自己有没有见猎心喜、唯恐天下不乱、语不惊人死不休、忙着给

别人生事、帮自己加戏添麻烦呢？记得不多话、不废话、不传话，就能为自己的人生减少很多解释、协调、道歉的时间，然后把这些时间拿来享受人生，或是创作、创造。只要安于当下，享受当下，不心猿意马，心就不会累。

2. 看一下关键词

➡如果是直线、波浪线、水平线，靠近自己这一侧的关键词为潜意识，另一侧为表意识。

- **举例**：若线之内写"完美"，线之外写"爱情"，就可以写出其木马程序。

要求完美导致爱情问题：当事人的完美主义，造成与伴侣之间关系紧张；也就是说，两词（完美、爱情）之中，有一个词是当事人的愿望，另一个词则是导致不能如愿的木马限制。

如果是竖直线，则左右两侧的关键词互相矛盾拉扯。

- **举例**：左侧写的是"人"，右侧写的是"神"，此人经常陷入"天人交战"的状态。我当场破解后，当事人马上点头表示同意。

➡如果是缠绕线，圈里圈外的两个关键词，就是造成人生打结的拉扯点。

- **举例**：梦想VS力量，表示当事人有梦想，但力不从心，现实苍白无力。

3. 改画改设定

如果原先画的是"从下到上",可以改画"从上到下"的反向线,让自己从"西西弗斯式负重向上,成为更好、更优秀的自己"的无尽痛苦中解放出来。如果原先画的是"从上到下",可以改画成"从下到上",让自己的潜意识恢复力量,激发生机蓬勃的动能。

如果画的是水平线,可以改画成竖直线,让自己勇敢地向另一维度拓展。

如果画的是竖直线,可以改画成水平线,让自己平衡稳定,而非左右摇摆。

如果画的是竖直线,还可以改画成波浪线,让自己勇于变化和创新。

如果画的是波浪线,可以改画成直线,让自己稳定在内心的中轴线上。

如果画的是缠绕线,可以在起点与终点间画出一条直线,让自己不要再通过鬼打墙的木马,继续制造不必要的纠结弯路。

◐直觉画主题二:自画像

1. 先观察这张自画像,哪个部位"没"画出来

➡如果只画上半身,没画下半身,表示可能想得多,做得少,或是可能为自己做得少,但为别人做得多。

- **改画改设定**:可以在下方补上一张白纸,把未画完的身体部位补齐,你会发现,补上当初没画的部分比较困难,因为那是脑神经走得比较少的路径,但只要多画几次,熟练就行了。
- **延伸练习**:在这张自画像的前后左右再贴上白纸,继续延伸画出去,有助于突破自己的界限,预演未来的蓝图。

➡ 如果眼睛没睁开,表示内心可能还不愿面对

现实。

- 改画改设定：把眼珠画进去，练习面对现实。

➡ 如果双眼没有瞳孔，表示可能还在茫然状态，还没找到自己的核心天赋与热情。处在茫然状态，就意味着不想对自己负责，所以谁都可以控制你，只有当你觉得受够了，不再需要别人的操控时，才能下定决心对自己负全责——只要把想做的事做完，不用急着拿结果向谁证明自己，更不需要逼自己做到完美，这样才能彻底改写茫然木马模块。

- 改画改设定：把瞳孔补进自画像中，练习聚焦。
- 延伸案例分析：来找我的个案，很多都是中了"茫然木马模块"，其中包括：

[类别一：兴趣太多]

个案问："我对什么都感兴趣，应该选哪一个？"

我反问："小时候你有没有遇到过这种情况：你正在

做自己喜欢的事，突然被某人打断，要你去学习？"

不同个案的回答各异，有的说是爸爸，有的说是妈妈，有的说是爷爷奶奶，有的说是老师……

我答道："你要做自己的再生父母、智慧导师，开始独立过你的第二人生——从现在开始把别人的声音、意见移出你的大脑，由你来选择自己想做的，由你决定一切，你说了算，不要再问别人的意见了。"

[类别二：不知自己的核心天赋]

个案问："我找不到人生方向，做什么好像都'没有很大的兴趣'，该怎么找到自己的核心天赋？"

我反问："小时候是哪些人在管控你，给你意见，要你做这做那，导致干扰的声音太多，让你很难专心发现自己真正喜欢的是什么？"

不同个案的回答各异，有的说是爸爸，有的说是妈妈，有的说是爷爷奶奶，有的说是老师……

我答道："如果不知道自己的天赋在哪里，帮自己重新定义天赋就好了，因为天赋不是某一件事情，而是一种频率，一种你很喜欢、很享受做这件事的状态。如果你自己的设定是做什么事情都会失败，就算找到天赋也没用。你可以去找一本空白笔记本，回想一下并写下从出生到现在，你曾经喜欢什么，但后来中断了，或是没机会尝试。从现在开始,每天都去寻找自己喜欢什么,随时记录下来,这叫作"成人抓周",至少连续七天,七天之后整理一下你的"寻梦"笔记,看这些内容大多是指向哪个项目或类别,从那里开始凝聚你喜欢的事,这也许就是你曾被打压的天赋。然后想办法重启这项天赋,画画、跳舞、音乐、唱歌都行。非常重要的是,一定要坚持每天留时间给这个天赋,至少持续二十一天完全不间断,最好能持续三个月,坚持从头到尾完成它,才能改变'你曾被打断,并在以后成为打断自己的人'的模块。"

[类别三:要选赚钱的工作?还是感兴趣的工作?]

如果生命导航系统设定错误,例如以求钱财为目标,而非你的天赋热忱;或以求姻缘为目标,而非真心想体验爱;又或以求名声为目标,而非活出真实的自己;那么追随着你的想法,将会走上一连串导向错误的路径。

个案问:"请问我要选择赚钱的工作(或稳定的公务员),还是自己感兴趣的工作,或是去考研究生继续读书?"

我问:"你是否自小有'生存焦虑',怕养不活自己?这焦虑木马来自谁?"

不同个案的回答各异,有的会说是爸爸,有的会说是妈妈。

我答道:"父母正在老去,他们越来越焦虑是正常的。但你是越长越大,本该越来越独立,越来越强大,但只要你还戴着生存焦虑的木马眼罩,就看不到天赋热情;只要你还穿着厚重的防卫盔甲,就燃不起天赋热情。重点不在于要选哪一条路,而是你要带着什么频率来选择。如果是不自信、茫然、焦虑、担忧的频率,就像开一辆随时会抛锚冒烟的破车,选哪条路都是错的;如果是爱、智慧、自信、大无畏的行动,就像开一辆安全舒适、轻松驾驭的跑车,选哪条路都不会出错。事实是,你可以做自己喜欢的事,一样可以圆满,但如果你不信任自己有这能力,就是受到了不自信的木马模块的影响。

"你若因生存焦虑选择了不喜欢但赚钱的工作,久而久之一样会没有热情,就算有钱也不会有真正的成就感。就像电影《心灵奇旅》,爵士乐手桃乐丝只做自己喜欢的事也能活得很圆满,但爵士乐钢琴手觉得自己无法只靠爵士乐谋生,所以花了最多时间去做自己不喜欢的工作:教书。

"所以你要先建好自信地基,重新设定:做自己喜欢的事,会比做不喜欢的事带来更多的圆满。

"你可以上网搜寻'做自己喜欢的事,收入更高'的案例,并由此改变信念模块,进而改变自己的命运。这会为你省下'去做自己不喜欢的工作'的精力和时间,又因为你将极大的热情投注在做自己喜欢的事,于是比其他没热情的人更有动力和成就感。记住这十六字箴言:活得开心,由你定义;创造什么,你说了算!"

➡ 如果没有画耳朵,检查一下自己"最不想听到"谁的声音/唠叨。

- **改画改设定**:把耳朵画进去,让自己勇于倾听。

➡ 如果没有画嘴巴,检查一下自己是否有"不敢表达,不敢说出真话"的木马。

- **改画改设定**:把嘴巴画进去,让自己勇于说出想说的话。

小结:以上自画像缺失的部分,可以在第二次"改画"时补画上去,多画几次,算是在脑中练习补足自己的弱项。

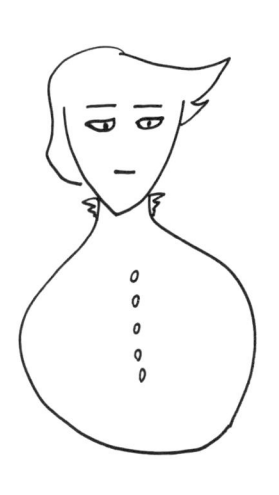

2. 观察"自己"在整张纸上占的比例

➡ 有的人把自己画得极小,通常是对自己没有自信。

- **改画改设定**:重新拿出一张白纸,把自己画满整张纸,练习放大自信心。

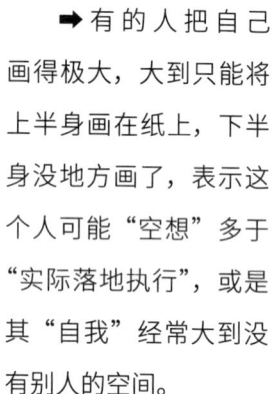

➡ 有的人把自己画得极大,大到只能将上半身画在纸上,下半身没地方画了,表示这个人可能"空想"多于"实际落地执行",或是其"自我"经常大到没有别人的空间。

- **改画改设定**:重新拿出一张全新的白纸,把自己和别人画在整张纸上,练习在框架中让自己的身、手、脚完整,练习知行合一,并能与别人共存共荣。

3. 观察笔触力道深浅

➡ 有的人笔触很轻，表示可能对自己还有很多不确定，害怕行动。

- **改画改设定**：拿一支深色的笔，照原画的痕迹笔触再"用力"画一遍，增强自信与力量。

➡ 有的人笔触极重，表示可能还有很多愤怒、怨气未消，或是活得太用力，没给自己或身边的人留余地。

- **改画改设定**：重新拿一张白纸，然后播放一首轻柔、有流水声的大自然音乐，在这样的音乐氛围中，重绘一幅"温和平静"版的自画像。

➡ 有的人将线条画得琐碎繁杂，表示此人可能经常左思右想，忧虑过多，易受别人影响，无法果断行动。

- **改画改设定**：重新拿一张白纸，以最简洁的线条重画自画像，不用重复的笔触描图,让自己的设定变得简单而不琐碎。

4. 观察"哪里怪怪的"

自己身在其中,通常看不出整张自画像哪里怪怪的,可以把画交给别人,请对方指出有没有怪怪的地方,例如:

➡ 有的人画的是侧脸,或是背身,可能想隐藏自己的某一部分,不想被人看到。

- **改画改设定**:重新拿一张白纸,勇敢地画出自己的正面,并观察内心有哪些恐惧浮现出来。

➡ 有的人把头发一根一根画得很精细,花了很多时间,表示可能非常在意别人对自己外貌的看法。

- **改画改设定**:重新拿一张白纸,以最简洁的线条重画自画像的头发及其他部分，不用重复的笔触描图，回归简单的自己。

➡有的人自画像头极大，脚极小，比例失衡，表示可能想得多，做得少。

● **改画改设定**：重新拿一张白纸，以正常比例重绘自画像，重新校准，恢复平衡。

特例：下页这张画很特别，我看到后先问班上同学："你们觉得画这张自画像的同学是什么状态？"有人说"乐观"，也有人说"开心、快乐、充满梦想"。接着我请画这张画的同学上台，问她："请问是否曾经发生过什么让你感到'惊吓'的事件？"她很惊讶地说："是的，小时候我曾经被狗追，吓得躲进一个地下凹洞中，狗就在洞口对我狂吠，但更令我惊吓的是，本来在我身边的妈妈居然跑得更快，一下子就冲到了半山坡上，完全把我抛下，丢在后面……"我对她说："不要觉得妈妈抛下你是不爱你，她可能比你还怕狗，所以本能地向前冲……"

- **改画改设定**：重新拿一张白纸，把妈妈、狗、自己重绘进一张"让自己感觉舒服"的画中，把"惊吓"的印记重新设定成"欢乐版"，让自己以后想起这件事时，感受到的不再是"惊恐"，而是好玩有趣。

5. 观察身上或手上有什么

➡如果自画像上有珠宝、首饰等，检查一下自己是否很在意别人对自己外貌、身材、形象的看法。

- **改画改设定**：拿橡皮或修正带把珠宝、首饰涂掉，观察一下内心浮现出来的负向感觉是什么，这些就是之前未觉察到的木马。

➡️如果画了一颗爱心,检查一下自己是否还在追求爱、渴求爱?想一下:我们真的需要别人完整的爱吗?还是需要完整地爱自己?

- **改画改设定**:重新拿一张白纸,然后播放一首让自己感觉到爱的温暖音乐,带着满满的爱来重绘自画像,看看"有爱"版的自己有什么不同。

➡️如果画了书,检查一下自己是否想以知识让自己看起来更强、更好。这底下是否藏有对落后感到焦虑的木马?

- **改画改设定**:拿橡皮或修正带把书涂掉,观察一下内心浮现出来的负向感觉是什么,这些就是之前未觉察到的木马。

➡ 如果画了高跟鞋，检查一下自己潜意识是否想在别人面前表现出性感魅力，来吸引对方。

- **改画改设定**：拿橡皮或修正带把高跟鞋涂掉，观察一下内心浮现出来的负向感觉是什么，这些就是之前未觉察到的木马。

➡ 如果画了裙子，但只画出裙框线条，裙内的腿形仍然可以看到，想一下，在"性""隐私""私密部位""亲密关系"等方面，是否有过创伤经验。

- **改画改设定**：重新拿一张白纸，然后播放一首让自己感觉安心的疗愈音乐，以放松、信任的感觉重绘自画像，看看"已完成疗愈"版的自己有什么不同。

●直觉画主题三：一叶之"揪"

➥ 如果只画一片叶子，可能人际关系上有不喜欢社交的倾向。

- **改画改设定**：继续把其他叶子画进这张画里，观察一下内心浮现出来的负向感觉是什么。这些就是之前未觉察到的木马。

➥ 如果画了好几片叶子在同一棵树上，表示可能有被许多人干扰的问题。

- **改画改设定**：只留一片代表自己的叶子，拿橡皮或修正带把其他的叶子涂掉，观察一下改画时浮现出来的负向感觉是什么。同时也回看一下，那些被擦掉的叶子分别代表哪些人，借此检查一下自己可能被哪些人影响或干扰。这些就是之前未觉察到的木马。

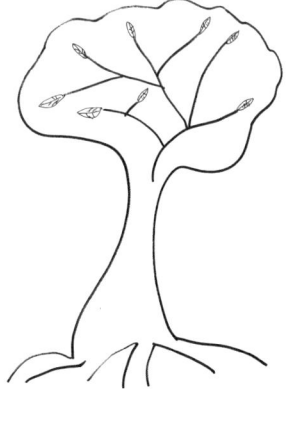

➡ 如果叶子有锐利边缘,叶子上的每一个锐角,都可能代表一个尚未完全疗愈的重大创伤。

- **改画改设定**:播放一首让自己感觉放松的疗愈音乐,然后用另一支颜色更深的暖色笔,或用橡皮、修正带,将叶缘的锐角修成圆角,观察一下自己在改画时浮现出来的感觉是什么。看看"正在疗愈"版的自己有什么不同。

➡ 如果画出许多枝叶,可能正在同时执行很多项目,有分身乏术的疲累感。

- **改画改设定**:只留一片代表主要项目的叶子,拿橡皮或修正带把其他叶子涂掉。然后将这片叶子画得更精细些,观察一下改画时浮现出来的感觉是什么。让自己

练习营造出专心把一件事做好的状态。

➡如果画出一段一段的对称叶，可以算一下数量，检查一下是否为人生几个重要阶段。

这张画改绘自我在上海巡讲时学生阳光小月的现场画，在课后心得中，她写了下面这段话："欣频老师让我们在纸上画一幅画。我先是以线条为花枝在右上方画了一棵向日葵，又画了一条通向远方的路，路的下方是湖，上方是开了鲜花的小屋，阳光下我在湖边冥想。我举手问欣频老师，我的画代表什么意思。老师走下讲台，在不知道我任何信息的情况下，直接拿起我的画，看了一眼就说：

'向日葵花枝上有五对绿叶，是不是代表你人生的五个重要阶段？'我算了算，哇！果然刚好是我在职场上经历的五家公司。我不禁惊叹老师一语点破的智慧，还有潜意识的神奇！"

- **深度研究**：回想一下自己在这几个阶段有哪些重大事件，这些事件哪些至今还对自己产生正向或负向影响。整理出来后，就可以好好梳理自己。

◐直觉画主题四：窗与自己

➡如果把自己画在窗里看着窗外，表示目前处于身心或生活受限的状态。

- **改画改设定**：把自己画到窗外去，让自己出框，突破界线。

➡如果把自己画在窗外，表示正在向外无目的、无方向地探索或摸索。

- **改画改设定**：把自己画到屋里，从窗户看出去，练习聚焦。

➡如果把自己画在半空中，这样的人通常很有创意，但经常会选择隔岸观火，不愿涉世太深。

- **改画改设定**：可以画两张画，一张自己在窗内，另一张自己在窗外，边画边观察有怎样不同的感觉与视角。

◐ **直觉画主题五：家的配置图**

可以任意找一张空间图来画，通过分析自己对家的空间立体配置，来了解自己的潜意识。

1. 三层别墅空间立体配置图

2019年巡讲时，我给了现场每位同学一张"三层楼别墅空间立体配置图"，但只有隔墙，每个房间都是空的，同学们可以自由发挥对空间做出安排，以此呈现自己也没察觉的潜意识。你们也可以在这张图上做空间安排，再看以下解析。

解析的方向有两个（但不限于这两个，其他分析细节须依绘者的图而定）：

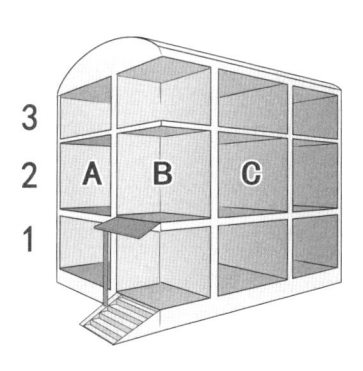

- **你把谁推到离你比较远的房间？**

我在课上看到有同学把婆婆的房间安排在一楼大门边，就问她："你为何想把婆婆的房间放在大门边，而把你与丈夫的房间放在三楼？"她说："因为婆婆行动不便，所以想安排在离大门比较近的地方。"

我问："你跟婆婆处得好吗？"她说："不怎么好，经常吵架……"我说："是的，从这张配置图一眼就能看出来，你潜意识想把她推出家门。"她有点不好意思地点点头说："是的！好准！"

● **你的房间在哪一层？**

我问现场同学："你自己的房间是在顶层、中间层，还是底层？"

初步统计下来：

＊**顶层**：把自己的房间安排在顶层的人，比较想要自由，或目前工作/生活状态比较自由，不受限制。

＊**中间层**：把自己的房间安排在中间层的人，现实生活中多半处于被两种事物"夹击"的状态，可能是工作与家庭生活两头烧，或是夹在家中两个成员的纷争不合之间。

＊**底层**：把自己的房间安排在底层的人，可能目前受到较大的限制，特别是金钱方面，所以还不敢大胆梦想与冒险。

2. 平面空间大小配置图

→我们还可以通过分析对家的平面空间配置，来了解自己的潜意识。

在2019年巡讲时,我给了现场每位同学一张"平面空间大小配置图",但只有隔墙,每个房间都是空的,同学们可以自由发挥对空间做出安排,以此呈现自己也没察觉到的潜意识。你也可以在这张图上做空间安排,再看以下解析。

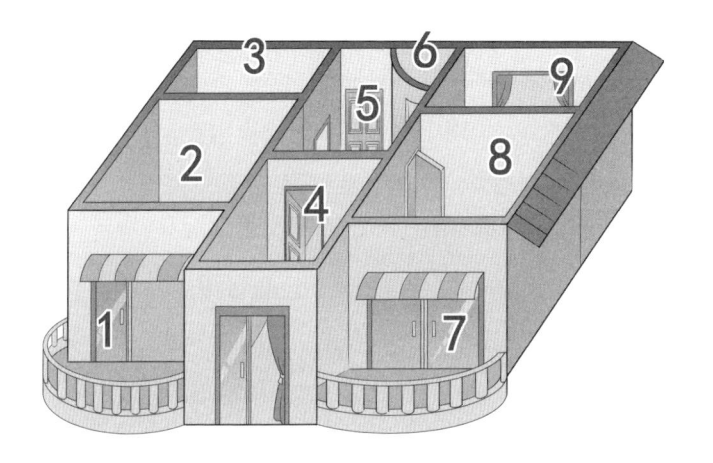

- **依房间大小,来看心目中的优先级**

从你分别把最大、最小的房间给谁,或是留着做什么,就可以知道在你心目中家人和各项事物的优先级。例如有同学把6号房给妈妈,2号房作为自己的主卧室,8号房给自己当书房、工作室,9号房作为厨房,3号房作为健身房,通过这样的安排就可以知道这位同学心目中的优先级是：自己→事业→饮食/享乐→健康→家人。

至于他的"理性逻辑理由"，例如"妈妈行动不便需要靠近门口"，只做参考就好。等过了一段时间，他忘了这件事之后，可以再找一张靠近门口的房间特别大的平面图让他重新安排，就能辨别出他的"理性逻辑理由"是否为真。

- 通过离阳台最近的两个房间的用途，来看自己想要从生活中的哪些方面脱困

举例来说，如果把2号房作为夫妻主卧，3号房作为办公室，可以检查一下在夫妻关系和工作中是否有让自己喘不过气的压力或困扰。

以上就是各种"绕过表意识，直接揪出潜意识或无意识设定的直觉画"之木马现形记，如果你因此抓到了木马，记得一键破除，不要让这个木马继续困扰你的未来。

"潜意识X光片"/"潜意识断层扫描法"

我近几年教课时必有的环节，就是请学生们戴上眼罩听三个版本：低沉哀伤、自然宁静、澎湃激昂的音乐，边听边盲写，凭借内在直觉，看到或感觉到什么就写什么，之后，我会通过他们从这三段音乐中听到的关键词或看到的画面来分析他/她的生命剧本设定。

低沉哀伤的音乐下浮现出来的关键词或关键画面（第一张），能够呈现出原生家庭负向印记造成的最黑暗的创伤记忆。

自然宁静的音乐下浮现出来的关键词或关键画面（第二张），能够呈现"脱困"的方法和转折点。

澎湃激昂的音乐下浮现出来的关键词或关键画面（第三张），能够呈现"脱困后"的状态/愿景。

以上我称为"三张潜意识X光片"。你也可以自己去找三首曲子来练习。如果时间够长，有时我会准备七首有层次的音乐，依据"霍金斯情绪表格"从频率最低到最高，这样就可以精密地、宛如断层扫描般扫出潜意识，甚至无意识层的木马模块印记，我称之为"潜意识断层扫描法"。等到全部盲写完，打开眼罩后，可以拿红笔把关键词/代表词圈出来，这样就能串出一个方程式。

"潜意识X光片"破解法步骤解析

◐ 示范一

几年前一次线下课的课堂上，我以三首曲子作为"潜意识X光片"，让同学们当场盲写，三段冥想结束后，我请自愿示范的同学带着自己的盲写单上台，她一边念，我一边速记关键词，整理如下：

第一张：恐惧、折磨自己、害怕、争取、突破、沟通、和解。

第二张：生命、太阳、正能量、年轻、高大、飞翔、天空。

第三张：太空、回忆、草原、胜利、火焰、夜晚。

大家可以练习一下，以上这三张X光片的内容，你觉得哪个词是负向核心木马关键词？

写好之后，可以向下参看我的解析。但我要声明一下，这不是标准答案，而是我解读的路径流程图，可以作为大家解析自己"三张潜意识X光片"方法的参考。

解析如下：

我从她第一张X光片中找出负向关键词，以红笔圈出：**恐惧**。

第一张（原生家庭印记）：**恐惧**、折磨自己、害怕、争取、突破、沟通、和解。

第二张（目前她脱困的方法）：生命、太阳、正能量、年轻、高大、飞翔、天空。

第三张（她未来想要到达的心愿状态）：太空、回忆、草原、胜利、火焰、夜晚。

我问她的第一个问题是："小时候发生过什么让你非常害怕的事？"

她回答："小时候有位陌生叔叔拿糖果给我吃，我很开心地拿来吃，结果爸爸知道了，就痛打了我一顿，非常生气地说：'不可以随便拿陌生人给的食物！'"

接下来我再从这三张X光片中找出第二组关键词：**争取+胜利**。

第一张（原生家庭印记）：**恐惧**、折磨自己、害怕、**争取**、突破、沟通、和解。

第二张（目前她脱困的方法）：生命、太阳、正能量、年轻、高大、飞翔、天空。

第三张（她未来想要到达的心愿状态）：太空、回忆、草原、**胜利**、火焰、夜晚。

我问她的第二个问题是："你结婚了吗？"

她答："是。"

我问："你是否正在跟谁争夺什么？你的先生？"_{（从关键词争取+胜利看出来的）}

她答："正在跟先生打离婚官司，争取孩子的抚养权。"

我问："是家暴问题？"_{（从她刚刚自述"小时候被爸爸打"的事推论而来）}

她答："是的，他经常打孩子，打得全身是伤……咦？老师你怎么知道？"

我说："如果原生家庭负向木马印记不解除，'被家暴'的问题有很大的概率延续下去。"

这三份关键词其实就是潜意识里过去、现在，以及即将投射出的未来。

简单归纳出方程式如下:

问题:小时候被父亲痛打/恐惧→现在的家庭继承同款负向剧本:丈夫打孩子。

从三张X光片中圈出解决方法:**沟通和解＋到草地上仰望天空,多晒太阳。**

第一张(原生家庭印记):**恐惧**、折磨自己、害怕、**争取**、突破、**沟通**、**和解**。

第二张(目前她脱困的方法):生命、**太阳**、正能量、年轻、高大、飞翔、**天空**。

第三张(她未来想要到达的心愿状态):太空、回忆、**草原**、**胜利**、火焰、夜晚。

我也能一眼看出她对未来的憧憬是:**成功争取抚养权**(胜利)**＋所有苦难都过去,只剩回忆;晚上望向天空看烟火。**

第一张(原生家庭印记):**恐惧**、折磨自己、害怕、**争取**、突破、**沟通**、**和解**。

第二张(目前她脱困的方法):生命、**太阳**、正能量、年轻、高大、飞翔、**天空**。

第三张(她未来想要到达的心愿状态):太空、**回忆**、**草原**、**胜利**、**烟火**、夜晚。

◐ 示范二

有一次,有个朋友听完我讲的"三张潜意识X光片"

后，问我："我不知道怎么分析自己的三张X光片，你能帮我解读吗？"

我说："你能从自己的三张X光片中各选一个关键词念给我听吗？"

她答："原始人、天使、一群野人……我不知道这代表什么意思？"

我问："你有伴侣了吗？"

她答："是！"

我问："你在外面有其他情人吧？"

她惊讶地说："对……你怎么知道的？"

我答："原始人代表你，天使代表你在外面的情人。"

她点头后，紧接着问："那'一群野人'代表什么？"

我答："代表目前这一个情人还不能满足你，你想要很多位'情人'……"

她笑着点头说："真的很准，只有我才知道的心中秘密，三张X光片一下子就曝光了……"

以上三句话/三个步骤就点破了她的主要问题，核心木马是"对爱的匮乏感"让她不断向外索求，如果不从源头处理，就算在外面找多少位"情人"都没法根本解决。她需要破解来自原生家庭"对爱感到不满足"的负向印记，可参考之前我示范过的许多方法。

延伸阅读
人类原生家庭木马快筛汇集共演版

我们可以通过观看制作规模比较大的电影或电视剧，看到人类各类型"原生家庭木马"汇集在一起共演的情形，特别是"末日或灾难"主题的电影，例如《黑客帝国》《彗星撞地球》《2012》《千万别抬头》《芬奇的旅程》等。

从这些影视作品中人们面临"生死攸关"时出现的强烈反应，我们可以一次看清各种原生家庭木马的致命盲点、荒谬行为，以及木马被瞬间破解后恢复原厂设定的状态。比如有人在"大难来临时"放开矜持与制约，说出真话，活出真实无畏的自己；有人则是暴力掠夺破坏，把自己压抑多年的怨气无差别地到处发泄，实施"木马屠城"；还有人会赶回家向亲人道歉，坦诚说出遗憾与爱……"人之将死"把大家逼回真实，这就是木马速现、速化记。而我们也可以通过观看这类电影、电视剧中的众生貌，觉察自己会有怎样的反应，进而让深藏的木马现出原形。

当我们看完上述这类电影之后，其实可以归纳出人类生存的共同方针：

不要把名声看得比爱重要。

不要把尊严看得比爱重要。

不要把金钱看得比爱重要。

不要把美丽看得比命重要。

不要把责任看得比命重要。

不要把成就看得比命重要。

从今天开始,请以真、善、美、爱在灵魂云端重新设定,同步更新频率定位,重新导航,重启人生旅程。只要想办法把日子过好,让自己舍不得死但随时都能死而无憾,或许我们就能重新找到活着的意义。

第五章

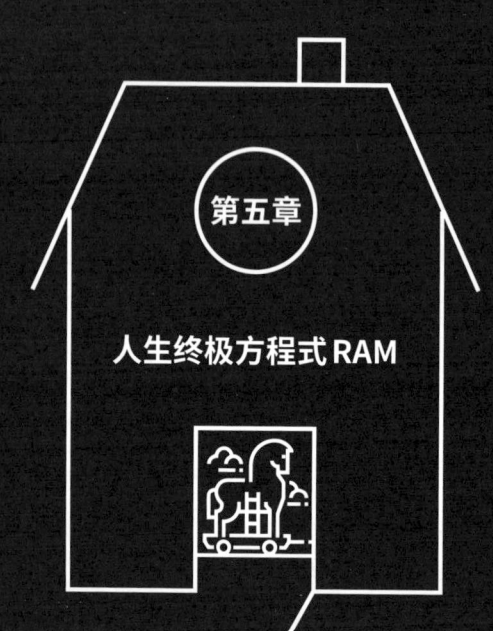

人生终极方程式 RAM

何谓人生终极方程式RAM

已故NBA球星科比·布莱恩特说过:"创意往往来自结构。有了参数和结构,你就能从中发挥创意;少了结构,做事只会漫无目的。"结构尺度越大就越接近无限,资源视野范围也就越广阔,人生就更能展开到无限高度。

2021年5月,我看到日本企业家稻盛和夫的方程式:

$$成功 = 能力_{(0\sim100)} \times 努力_{(0\sim100)} \times 态度_{(-100\sim100)}$$

我问自己,如果我也以过去的经验与观察,来写一组人生方程式,那会是什么?人生到底有没有所谓的"终极方程式"?

于是我在2021年6月闭关时,写出了三个关键词:重置(Reset)、聚焦(Focus)、行动(Action),后来我把聚焦修正成瞄准(Aim),定焦力比聚焦更精准;为行动赋予带着大爱频率的使命(Mission),于是人生终极方程式RAM就成形了。

从种子到量子跳跃·从升维到翻转命运·未来人生魔方破解法

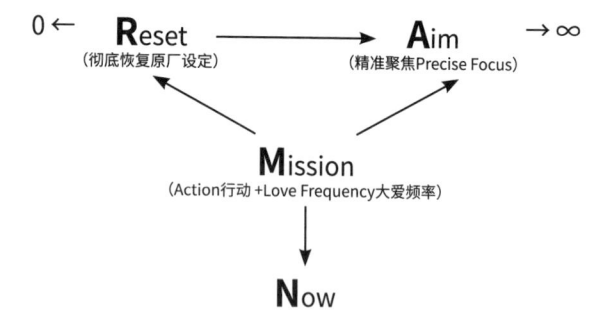

0 ← **R**eset ──→ **A**im → ∞
(彻底恢复原厂设定)　　(精准聚焦Precise Focus)

↖　　　↗

Mission
(Action行动 +Love Frequency大爱频率)

↓

Now

R：Reset (Completely Reborn) →0 (清零)

A：Aim (Precise Focus) →∞ (无限远的源始点)

M：Mission (Action + Love Frequency) →Now (当下)

简化为中文关键词：

RAM：清 (黑洞) + 定 (奇异点) + 动 (白洞)

↑　　(循环)　　↓
←

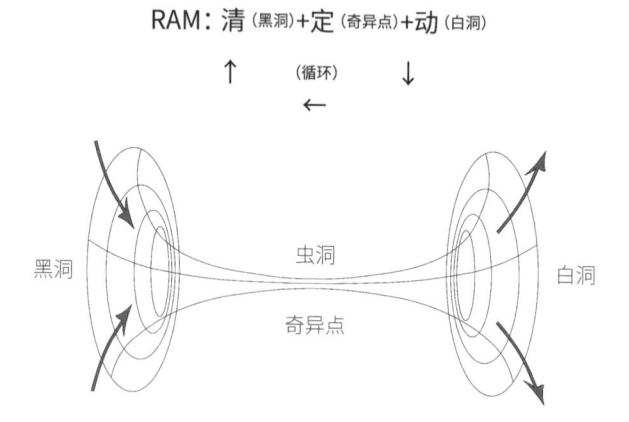

黑洞　　　虫洞　　　白洞
　　　　　奇异点

也就是说，如果没清、没定，越动就越混乱。

我把这组人生终极方程式简称为RAM，与随机存取内存RAM（Random Access Memory，与CPU直接交换数据的内存，可以随时读写，速度很快，通常作为操作系统或其他正在执行中的程序的临时数据存储媒介）同音，比较好记忆，也可以理解为：我们依不同频率的生命版本配备的随机存取内存，可以随时升级更新。

2022年1月中旬开始写这本书时，我才意外发现RAM也出现在奇迹真言（Miracle Mantra）唱诵者Guru Ram Das的名字里，Ram代表无限造物主的形体化身，而奇迹真言"Guru Guru Wahe Guru, Guru Ram Das Guru"的意义也很神圣，非常符合人生终极方程式RAM的最高精神：

"Gu"是黑暗，"ru"是光明，"Guru"就是带我们重见光明的上师、宇宙中无限的智慧。在这真言中出现五次"Guru"：

第一个"Guru"，是自己的灵魂和智慧。

第二个"Guru"，扩展自我认知到人际关系、经验和一切活动里。

"Wahe Guru"是终极、无限的智能，远超个人知识的范畴。

第四个"Guru"将那广阔无垠的智慧带回身体。

"Ram"是无限造物主的形体化身。

"Das"是神性注入世间时的那股能量流。

最后一个"Guru"圆满了智慧,并指引你的每一步。整个真言的循环之意是"可以把你带往无限再带回来"。

(注:引自http://heartplacevision.blogspot.com/)

以下我针对人生终极方程式的R、A、M分别做进一步的诠释。

R:Reset (Completely Reborn) → 清0抛弃原生家庭的负向印记/重置、重生

脑神经科学家何权峰说过:"物理学的共振率:你发出一道思想波,于是所有跟你有同样念头、相同波长的人事物会找上你,你转到什么频道,就会看到或听到怎样的节目;我们才是外在事物/世界的起因,外在世界只是我们内心的缩影,只是一面镜子。所以在同一个时间点上,我们送出什么振波就会回收什么振波,任何跟我们同频率的振波都会产生共振共鸣,都会引到我们身上。"

想象人生就是多维度镜次元:当你进了镜宫,身心所有一切都被映照出来,而且多角度、无死角地在周围以各种人事物反映给你,能看到自己的全貌,包括潜意识、无意识的自己。这个所谓的镜考验特别会呈现在家庭关系、伴侣关系和同事关系上,原来存在的问题会被放大,所以

要想办法大胆直视、面对这些陈年问题，然后动手解除。解除的方法不是去改变别人，而是改变自己，改变你对他们的看法，改变你对眼前不开心的事的看法，并学会拔高维度去洞悉、看透：这些争端的背后，对方到底需要什么？他们在向你索要什么，在担心什么，害怕什么？

只要你顿悟了对方真正需要什么，就有办法化解彼此的对立关系。简单泄题给大家：镜考验的通关密码就是"反思＋感恩"，可别小看这四个字，这四个字（两组词）就是代表脱困的频率力量，因为"反思"代表你愿意停止"重复且机械性的反应与动作"，去思考：自己还要这样继续下去吗？有没有别的可能性？这也代表你拿回了自主意识（而非机械性反应），拿回了主导权，于是你通过反思，瞬间回到了生命的驾驶舱，这就是频率的第一阶段拔升。

"感恩"是第二阶段的拔升，因为当你在感恩频率时，代表对于过去与当下，你已经转换到了更高的视野，把自己拉出困境，换一种"喜悦与信任圆满的频率"来面对未来，达到很棒的境界——虽然在现实生活中还没到那个境界，但频率先行调到感恩带上，你就能瞬间看到，原来一切都是这么好的领悟、学习与安排。

所以简单地告诉大家，接下来无论发生什么让你超级不高兴、沮丧、愤怒、悲伤的事，都必须"想尽各种办法"去

"反思+感恩",反思"这件事到底要教我学会什么",并试着练习"从未来的角度"感谢现在的困境,由此你就能停止并跳出生命困境的轮回,不再重蹈覆辙,以全新的反应、角度、视野(而非旧频率、旧情绪)来过你真正自主选择的生活。

于是,有的人会突然发现:已经老死不相往来的家人突然破冰,讨厌的人瞬间变成了莫逆之交,翻脸的闺密奇迹般地和解,本来恨意已深的前任居然成为另类的家人,杀红了眼的商场敌手突然变成合作伙伴,把"同行相忌,错把贵人当仇人"的降维状态,转变成"同行相系,将仇人转化为贵人"的升维状态——只要反思+感恩,就能从恨、冷漠、恐惧、不信任的状态奇迹变频,向爱、信任、喜悦、幸福、自由、勇气、圆满的方向翻转。

以上就是我们在前面提到的"三个步骤破解原生家庭负向印记",如果落实到每一天,就是想跟谁道歉和解、想向谁感谢感恩,现在就去说去做,了无牵挂、不留遗憾。但要想将负向印记清理到零,就需要高度觉察,因为在变动比较大的此时此刻,每一念就换一幕,每一幕就换一版本——所以每当自己产生一个想法,特别是面对问题浮起负向念头时,就先问自己:怎么会瞬间掉进这个版本?只要回溯自己被植入了什么印记、动过什么念头,就能找到无法推诿给别人的缘由。清理完后,若又出现下一个念头,再检查一下是否还存有原生家庭木马负向印记,这个念头是"旧版自己",还是清理干净的"新版自己"。确定是"新版自己"之后,再开始继续思考、决定、行动。

我曾在《人生终极方程式RAM》的线下、线上课堂中,带领学生做过"清空原生家庭负向印记的冥想",大家也可以用来作为带领自己的参考。

> 你可以想象自己现在躺在床上,回顾一下前半生,或许有很多创伤记忆,无论是受挫还是被伤害,这些都已过去了。放掉这些。你要先谢谢它们带给你这些体验,让你拥有了许多意想不到的智慧礼物,比如让你对有相同经验的人产生了更深的同理心;让你知道自信和自爱是如此重要;让你知道很多人目前也正面临不愉快的自我黑暗面,但你已经有能力成为他们的光……
>
> 谢谢过去这些经验,但我们不用再抓着这些旧模块、负向印记不放,重蹈覆辙地继续制造新创伤影响我们的未来。我们也不需要继续抱着伤痛来证明自己存在,更不用通过疾病或意外事件吸引身边人的关心,持续向他们索求同情、怜悯、关爱。我们决定不让这些木马浪费我们的人生。
>
> 我们现在决定把所有过去的创伤经验和负向模

块——无论来自父亲、母亲、亲戚、老师，还是同学、朋友、伴侣、同事等——全部打包，然后想象自己用一把火把这些印记都烧掉，我们不再需要它们继续创造我们的未来人生，全部送走。

从现在开始，我们是全新的版本，有高度的觉知智慧，还有百分之百的自主力量拿回自己的权利与责任。正因为我们是全新的版本，有全新的意识、全新的决定，所以从现在开始的每一个念头都是创新的，每一个行为、每句话都带着自信与勇气，每一分每一秒都锁定在健康的频率里，因为我们决定过百分之百身心健康的生活，这很容易，只要我们下定决心就可以。

恭喜你，所有旧模块都已经完全融化了，新版的自己终于诞生。

试想一下，如果你将此时此刻的自己视为"人生的总导演"，你打算怎么过人生下半场的新生活？现在该怎么行动？

A：聚焦在无限远的版图与频率＋
M：使命级大爱频率的行动

有泻就有补——如果清理完旧印记、旧轨迹，却没有同时建立新的路径、新的脑神经连接取而代之,很快就会回到旧的反应模块,就像电影《黑客帝国:复活》中的一句经典台词:"你怎么用旧程序代码改写新版本?"结果错得更离谱。

所以我们必须先把视点从眼前狭隘的框架中移出,以最大的决心重新精准聚焦在无限远的源始点上,也可以视为聚焦在无限远的未来,然后再从这个未来的点回看现在,就像是"果因论"的概念,也像是电影《天能》(Tenet)中从旋转门里走出来的未来版自己"逆熵"态,与现在版的自己一起同行的"钳形时间"态。

A:Aim (Precise Focus) →∞(无限远的源始点)

将自己最大而且与地球共好的愿景规模定好焦,当下每一刻都携带着大爱频率,与周围每个人一起展开使命级蓝图:

M:Mission (Action +Love Frequency 大爱频率) → Now (当下)

只要校准最大范围的使命频率,创造起来就毫不费力,蓝图越大反而越轻松,秘诀就在"同步性":每一个人"同时"拿出手中已有的拼图,整张蓝图就能瞬间完成。你可以选气势磅礴的史诗级音乐当背景,花点时间写一段大感谢宣言,像在联合国讲台上对全人类演说那样的规模,只要定了频,就像调过音的琴,怎么都不大会出错,这就是成为自己"造命师"的关键方法。以下提供我

写过的 Mission 版本供大家参考:

版本一: 幸福的十二个境界

破解原生家庭的封印,自我存在意义的建立。
爱自己与爱人的能力,环游世界的自由条件。
圆满丰收的精神世界,对接到最大使命频率。
自然生态与身心健康,富裕无缺的财务自由。
创造共好并分享喜悦,随时随地满溢幸福感。
荣耀自己成就代表作,开悟喜悦超强生命力。

版本二: 升维到大我频率的十个指针

1. 个性纯真、没有心机,像个不在乎外界眼光的孩子。

2. 在每一个突如其来的事件中,如果有抱怨或愤怒等负向情绪,都能在最短时间内洞悉情绪与故事背后隐藏的最高生命智慧课题,并快速转换自己与对方的负面情绪,以智慧与耐心去面对。

3. 不会论断、批判、批评别人,因为能洞悉别人背后的创伤与苦楚,这不仅仅是同理心,还带着更高的爱与慈悲频率,全息看待双方该学习的课题。

4. 不会做任何损人不利己的事,所有的考虑和决定都是以"全局、所有人、全地球生态共好"为最高原则,因为不在乎自己能否从中获益，纯净的大愿与使命感让自己毫无阻碍，所以决策力、心诚事享的显化力、行动力、创造力、资源凝聚力、执行力、完成力都既快又准，如果有人能做得更好，会自动退居第二位来协助之。

5. 不会掉进比较或竞争的游戏模块，喜欢协助或分享给别人，因为精神、爱、物质都已非常丰沛，自己没有担忧情感、金钱匮乏的木马程序，所以分享是很自然的反应，不会因为担心自己不够而吝于付出，但也有足够的智慧洞悉对方是否有索求的木马程序，会以爱、慈悲、耐心、最高智慧协助其脱困。乐于接受别人的真心给予，大方给予别人"给予"的机会，并回馈给对方感谢与爱。

6. 能宁静独处不怕孤独，也能欢乐群处不怕冲突，能在自己与他人之间找到一种和谐的平衡。

7. 能够穿越表象、幻象看到本质，悟性、学习力、洞察力、直觉力、心电感应力极高，总能从众多可能性中一眼看到当下最核心的问题。

8. 不会担忧丑、老、病、死，有健康的心灵意识和饮食生活习惯，所以经常保持快乐幸福的身心状态。

9. 艺术品位与涵养极高，有极强且多元的创造力，喜欢待在大自然的生活与环境中。

10. 对地球或宇宙的好奇心与探索的兴趣，远远高于对别人隐私、八卦的兴趣。对地球生态、动植物、每个周围的人，都自动自愿地成为保护者。

版本三：给每一位生活在地球的我们

1. 可以体验、可以玩，但别掉入人间戏码，深到不自知，请永远保持全球版的高度觉知与清醒。

2. 永远记得，面对所有的选择，一定是选择爱，而非恐惧。

3. 学会辨认头脑幻象与内心的声音。

4. 我们不是暂住地球的旅者过客，地球是我们的家。无论地球现况如何，我们都有责任带领更多人重新与大地联结，保护地球原貌原生态。但不要把别人的问题放进自己的生命包袱中，做好自己就是最大的光，他们自然会寻光而来，自动离开黑暗。

5. 永远看向天空，日、月、星辰、云，是永远不会被遮蔽的最高指引。

6. 我们有非常强的直觉和灵感，无条件、无上限地支持伟大的使命。有无穷无尽的资源供我们运用，不要限制自己，阻碍了流动。

7. 永远且时时刻刻都会收到灵感启示，请留意聆听与察看。孤独是心灵关闭时的幻觉，广阔无边、无条件的大爱才是真实。

8. 地球是一所人间学校，所有维度都会在这里折射与反射，犹如万花筒般的全息投影，自己目前是怎样的状态，外面就会投影出什么实况，如果有不想要的外相引发的负向情绪，请立即调整心情频率，并查杀木马程序，恢复清澈的初始设定。

9. 我们与所有人都是一体的，随时可选择以任何一种生活方式指引现在的方向，也可以选择自己独创的蓝图与频道。

10. 带着最高的幽默感、好奇心、如孩子般的开心，来过我们不凡的今天。

通过人生终极方程式RAM，三个步骤快速升维到全息全我的视角，在高空不动点上全观流变，越全面就越不会产生有bug的误区死角，因为全息宇宙中心走到哪里都是圆满路径——当你享受过有创造性、有成就感的全新路径版本之后，就不会再想走原生家庭负向印记的回头路，不再轻易逆转、退回原来的生活困局，如此才能回归校准，随时更新生命的GPS导航系统。于是每天醒来最重要的任务，就是发现并快乐地创造在地球全新一天的美好，幸福变得很简单！

建议你可以把自己对全世界的宣言写出来，这就是属于你自己的"人生终极方程式"！

结语

将幽暗阴影变成光明祝福

过去我们都以为"过去影响现在，现在影响未来"，但如果站在升维的角度，可以是"现在影响过去，未来影响现在"，也就是通过三个步骤清理完原生家庭负向木马印记后的"现在"回看"过去"自己的原生家庭，包括经历过的痛苦生命史，自然而然地以感恩替换掉怨愤；以大家共好的愿景决定现在的所思、所言、所行，允许全新的未来信息传到当下被我们看见，不再被木马阻碍，自然而然就能聚焦并顺流到我们想要的版本上。

我很喜欢达利的一幅画《和谐的球》：我们用眼睛盯住画中蓝黑色的球，一段时间之后，把视线移到旁边的白墙，眼前深黑色的球，就会全部变成金黄色的球——这就是利用残像原理产生的互补色效果。这幅画给了我很大的启示，面对眼前原生家庭的黑色负向印记，如果我们下定决心将目光移到未来的纯白版图，这些黑色就会变成金色，从幽暗阴影变成光明祝福。

再多的理论都只是纸上谈兵，希望这本《原生家庭木马快筛》，陪着你每日觉知、快筛、转换、洞见、正念、纯净、关爱、慈悲、利他，愿我们每个人一提起自己的原生家庭，都充满着幸福与感谢！

图书在版编目（CIP）数据

原生家庭木马快筛 / 李欣频著 . —北京：中央编译出版社，2023.3（2023.8重印）
ISBN 978-7-5117-4330-5

Ⅰ．①原… Ⅱ．①李… Ⅲ．①家庭 – 社会心理学 Ⅳ．① C913.11

中国版本图书馆 CIP 数据核字 (2022) 第 247416 号

版权登记号：图字：01-2023-0362

原生家庭木马快筛

责任编辑	张　科　孙百迎
特约编辑	李文彬
责任印制	刘　慧
出版发行	中央编译出版社
地　　址	北京市海淀区北四环西路69号（100080）
电　　话	（010）55627391（总编室）　（010）55627362（编辑室） （010）55627320（发行部）　（010）55627377（新技术部）
经　　销	全国新华书店
印　　刷	北京盛通印刷股份有限公司
开　　本	787毫米×1092毫米 1/32
字　　数	125千字
印　　张	7.5
版　　次	2023年3月第1版
印　　次	2023年8月第4次印刷
定　　价	59.00元

新浪微博：@中央编译出版社　　**微　信**：中央编译出版社（ID：cctphome）
淘宝店铺：中央编译出版社直销店（http://shop108367160.taobao.com）（010）55627331

本社常年法律顾问：北京市吴栾赵阎律师事务所律师　闫军　梁勤
凡有印装质量问题，本社负责调换，电话：（010）55626985

人啊,认识你自己!

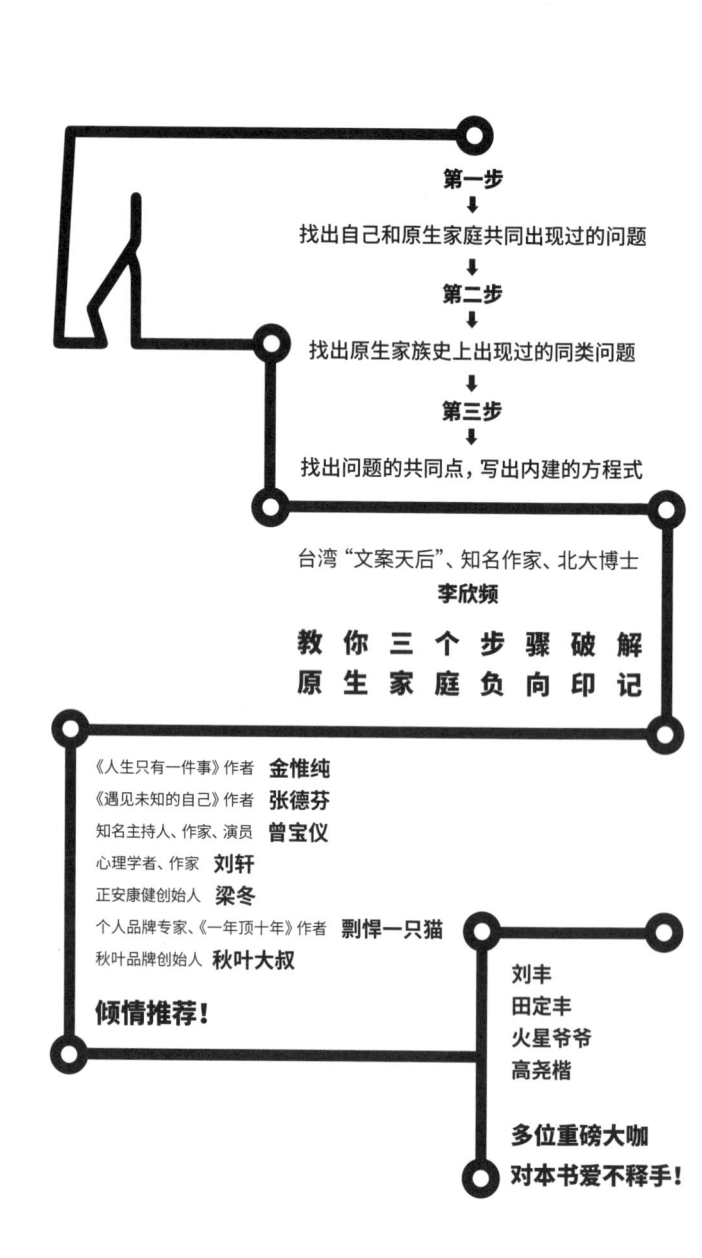

第一步
↓
找出自己和原生家庭共同出现过的问题
↓
第二步
↓
找出原生家族史上出现过的同类问题
↓
第三步
↓
找出问题的共同点，写出内建的方程式

台湾"文案天后"、知名作家、北大博士
李欣频

教 你 三 个 步 骤 破 解
原 生 家 庭 负 向 印 记

《人生只有一件事》作者 **金惟纯**
《遇见未知的自己》作者 **张德芬**
知名主持人、作家、演员 **曾宝仪**
心理学者、作家 **刘轩**
正安康健创始人 **梁冬**
个人品牌专家、《一年顶十年》作者 **剽悍一只猫**
秋叶品牌创始人 **秋叶大叔**

倾情推荐！

刘丰
田定丰
火星爷爷
高尧楷

多位重磅大咖
对本书爱不释手！